Rachid Jennane

Caractérisation de milieux poreux par traitement d'images 2D et 3D

Rachid Jennane

Caractérisation de milieux poreux par traitement d'images 2D et 3D

Application à l'os trabéculaire

Presses Académiques Francophones

Impressum / Mentions légales
Bibliografische Information der Deutschen Nationalbibliothek: Die Deutsche Nationalbibliothek verzeichnet diese Publikation in der Deutschen Nationalbibliografie; detaillierte bibliografische Daten sind im Internet über http://dnb.d-nb.de abrufbar.
Alle in diesem Buch genannten Marken und Produktnamen unterliegen warenzeichen-, marken- oder patentrechtlichem Schutz bzw. sind Warenzeichen oder eingetragene Warenzeichen der jeweiligen Inhaber. Die Wiedergabe von Marken, Produktnamen, Gebrauchsnamen, Handelsnamen, Warenbezeichnungen u.s.w. in diesem Werk berechtigt auch ohne besondere Kennzeichnung nicht zu der Annahme, dass solche Namen im Sinne der Warenzeichen- und Markenschutzgesetzgebung als frei zu betrachten wären und daher von jedermann benutzt werden dürften.

Information bibliographique publiée par la Deutsche Nationalbibliothek: La Deutsche Nationalbibliothek inscrit cette publication à la Deutsche Nationalbibliografie; des données bibliographiques détaillées sont disponibles sur internet à l'adresse http://dnb.d-nb.de.
Toutes marques et noms de produits mentionnés dans ce livre demeurent sous la protection des marques, des marques déposées et des brevets, et sont des marques ou des marques déposées de leurs détenteurs respectifs. L'utilisation des marques, noms de produits, noms communs, noms commerciaux, descriptions de produits, etc, même sans qu'ils soient mentionnés de façon particulière dans ce livre ne signifie en aucune façon que ces noms peuvent être utilisés sans restriction à l'égard de la législation pour la protection des marques et des marques déposées et pourraient donc être utilisés par quiconque.

Coverbild / Photo de couverture: www.ingimage.com

Verlag / Editeur:
Presses Académiques Francophones
ist ein Imprint der / est une marque déposée de
OmniScriptum GmbH & Co. KG
Heinrich-Böcking-Str. 6-8, 66121 Saarbrücken, Deutschland / Allemagne
Email: info@presses-academiques.com

Herstellung: siehe letzte Seite /
Impression: voir la dernière page
ISBN: 978-3-8381-4711-6

Zugl. / Agréé par: Orléans, Université d'Orléans, 2006

Copyright / Droit d'auteur © 2014 OmniScriptum GmbH & Co. KG
Alle Rechte vorbehalten. / Tous droits réservés. Saarbrücken 2014

CARACTÉRISATION DE MILIEUX POREUX PAR TRAITEMENT D'IMAGES 2D ET 3D. APPLICATION À L'OS TRABÉCULAIRE

Rachid JENNANE

Remerciements

Tout d'abord, je remercie les rapporteurs sur cet ouvrage, Patrice ABRY, Isabelle BLOCH et Françoise PEYRIN, qu'ils trouvent ici l'expression de toute ma gratitude pour avoir consacrer de leur temps à l'évaluation de ce document. J'espère avoir suscité leur intérêt.

Je remercie également Claude-Laurent BENHAMOU, Anne ESTRADE, Rachid HARBA et Gérard JACQUET. Je suis honoré et touché de leur intérêt pour ces travaux.

Je profite de la présente occasion pour remercier tous les chercheurs ami(e)s, collègues et doctorants sans qui, le travail présenté dans cet ouvrage n'aurait pas de signification.

Je termine en dédiant ce travail à Nadia ma femme, à mes enfants Inès et Yanis, à mes parents et à toute ma famille pour leur compréhension et leur soutien.

Remerciements

Table des matières

1 Synthèse - Analyse de signaux de type mouvement brownien fractionnaire   **13**

    1.1   Choix du modèle du mbf 13

    1.2   Synthèse de signaux mbf 14

           1.2.1   Méthode de Cholesky 15

           1.2.2   Méthode de la Matrice Circulante (MMC) 15

    1.3   Analyse de signaux mbf 16

           1.3.1   Estimateur du Maximum de Vraisemblance (EMV) 17

           1.3.2   Méthode de Whittle 17

    1.4   Bilan 18

2 Synthèse - Analyse d'images de type mouvement brownien fractionnaire   **19**

    2.1   Synthèse d'images isotropes mbf 19

           2.1.1   Méthode de Stein 20

    2.2   Synthèse d'images anisotropes de type mbf 20

           2.2.1   Synthèse par TF inverse 21

           2.2.2   Synthèse anisotrope par la méthode de Stein 22

    2.3   Analyse d'images de type mbf 23

           2.3.1   Estimation de la rugosité d'une texture non stationnaire 23

           2.3.2   Evaluation de l'anisotropie fractale 24

    2.4   Bilan 26

3 Application de l'analyse fractale aux radiographies d'os trabéculaires   **27**

    3.1   Structure de l'os 27

TABLE DES MATIÈRES

    3.2   Ostéoporose 28

    3.3   Analyse des radiographies osseuses 29

    3.4   Bilan 31

4 Etude 3D de la microarchitecture trabéculaire osseuse   33

    4.1   Corrélation entre paramètres 3D de la microarchitecture osseuse et H . . . 33

    4.2   Relation entre paramètres d'autosimilarité 3D et 2D 36

        4.2.1   Application sur des données synthétiques 36

        4.2.2   Application sur des volumes trabéculaires osseux 37

    4.3   Individualisation et labellisation des travées d'un milieu poreux 38

        4.3.1   Squelette hybride 39

        4.3.2   Classification des voxels 40

        4.3.3   Individualisation de chaque élément de l'objet 40

        4.3.4   Segmentation du volume originel 41

        4.3.5   Application à l'os trabéculaire 42

    4.4   Etude biomécanique des volumes trabéculaires osseux 44

        4.4.1   Modélisation par éléments finis : conversion voxel à éléments 44

        4.4.2   Modélisation par poutres 44

        4.4.3   Modélisation par chaîne de poutres 45

        4.4.4   Comparaison des différentes techniques de modélisation 45

    4.5   Bilan 46

5 Perspectives de Recherche   49

    5.1   Modélisation fractale de textures 49

        5.1.1   Tests d'adéquation données-modèles 49

        5.1.2   Synthèse-analyse de traces type mbf 50

        5.1.3   Extensions du mouvement brownien fractionnaire 50

    5.2   Caractérisation 3D d'un milieu poreux 53

    5.3   Etude biomécanique d'un milieu poreux 54

        5.3.1   Export des données du modèle HSGA pour analyse par EF 54

        5.3.2   Module d'élasticité virtuel versus réel 55

        5.3.3   Caractérisation 4D de l'os trabéculaire 55

TABLE DES MATIÈRES

5.4 Collaborations 56
5.5 Transfert de technologie 57
5.6 Conclusion 58

TABLE DES MATIÈRES

Introduction

J'ai choisi de rassembler les travaux que j'ai conduits depuis le début de ma thèse (1992) et poursuivis au LESI (Laboratoire d'Electronique, Signaux, Images) en tant que Maître de Conférences sous l'intitulé -Caractérisation de milieux poreux par traitement d'images 2D et 3D. Application à l'os trabéculaire-. Ce titre résume l'esprit des outils mis en œuvre pour la caractérisation de milieux poreux tels que l'os trabéculaire, avec une application au diagnostic précoce de l'ostéoporose. Ces travaux résultent d'une étroite collaboration multidisciplinaire entre théoriciens (mathématiciens), physiciens (traiteurs de signaux ou mécaniciens) et praticiens hospitaliers (médecins ou radiologues).

Le LESI participe à un programme dont le but est de caractériser la qualité architecturale de l'os trabéculaire à partir de radiographies pour aider à un diagnostic précoce de l'ostéoporose. Cette maladie se traduit par un amincissement de l'os cortical. L'os trabéculaire, formé de travées, subit quant à lui des modifications architecturales. Ces altérations conduisent à une hyper-fragilité osseuse souvent source de fractures. Pour prévenir ces risques de traumatisme, il est intéressant, en plus des mesures de densité aujourd'hui pratiquées en routine clinique, de quantifier précisément les modifications de la microarchitecture trabéculaire.

En septembre 1992, j'ai commencé une thèse de doctorat au sein du LESI afin d'améliorer la méthode d'Analyse Fractale Orientée (AFO), proposée et développée en collaboration avec une équipe de l'Université de Rhode Island (Etats Unis). Ensuite, j'ai appliqué cette méthode sur des images de radiographies osseuses. Cette méthode d'analyse 1D basée sur la modélisation des données trabéculaires osseuses par le modèle du mouvement brownien fractionnaire (mbf), a été utilisée de manière directionnelle sur une image et a donné lieu à de multiples interrogations qui encore à ce jour animent toute une équipe de chercheurs du LESI.

En septembre 1996, j'ai été recruté en qualité de Maître de Conférences à l'Université d'Orléans. Cela m'a permis de poursuivre mes travaux concernant la microarchitecture trabéculaire et sa modélisation. Ainsi, les travaux réalisés pendant mon doctorat concernant les principales méthodes de synthèse et d'analyse de signaux type mbf utilisées en traitement du signal ont été consolidés et publiés.

En janvier 1998, j'ai obtenu du ministère de l'enseignement et de la recherche, une mise en délégation qui m'a permis de rejoindre l'équipe du Pr. Ohley de l'Université de Rhode Island (Etats-Unis, janvier à août 1998). Lors de cette visite j'ai entamé des travaux concernant la modélisation et l'analyse de données 3D osseuses. A partir de données

Introduction

acquises au Synchrotron de l'université de Stanford aux Etats-Unis, j'ai étudié la corrélation existant entre les propriétés 3D de la microarchitecture trabéculaire et la dimension fractale de sa projection et montré qu'il existe un lien entre notre caractérisation 2D et les paramètres 3D. Ces travaux ont été poursuivis à mon retour des Etats-Unis par l'encadrement d'un stage de DEA (G. Lemineur, 2000) et ce fut le début des travaux sur l'imagerie tri-dimensionnelle appliquée à l'os trabéculaire au LESI. Ainsi les paramètres morphologiques et topologiques de la structure osseuse 3D ont été évalués et corrélés au paramètre H du mbf estimé sur les projections. Ce travail a été poursuivi par une thèse (G. Lemineur) et a donné lieu à une publication dans une revue internationale.

Toujours dans le but de formuler des liens entre les paramètres 3D de la microarchitecture osseuse et la dimension fractale de sa projection, nous avons montré en collaboration avec le MAPMO (Mathématiques et Applications, Physique Mathématique d'Orléans), que l'autosimilarité d'un fractal continu est égale à celle de sa projection diminuée de 0.5. Lors d'un stage de DEA (S. Bretteil, 2002), nous avons expérimentalement étudié sur des données osseuses acquises à l'aide d'un micro scanner à l'IPROS (Institut de Prévention et de Recherche sur l'OStéoporose) si cette relation était valide pour l'os trabéculaire et sa projection. Les résultats trouvés sont fort encourageants, car ils montrent que la relation qui lie la régularité 3D d'un volume fractal à celle de sa projection s'applique pour cet objet binaire. Une simple mesure 2D permettrait alors de quantifier la structure trabéculaire 3D et pourrait se révéler d'une grande force pour le diagnostic précoce de l'ostéoporose. Ces travaux ont constitué la deuxième partie de la thèse de G. Lemineur afin que les techniques soient validées et appliquées sur des données médicales.

Des travaux cités précédemment a résulté notamment l'analyse par Méthode des Moyennes Directionnelles (MMD) qui permet de mettre en valeur l'anisotropie fractale d'une texture non stationnaire.

Toujours dans le but d'établir de manière explicite des liens entre les paramètres 3D d'une structure et ceux de sa projection, nous avons commencé lors d'un stage de DEA (G. Aufort, 2004) à mettre en place un outil de caractérisation numérique d'un milieu poreux tridimensionnel. Cet outil basé sur le squelette 3D permet, à partir de la classification des voxels du squelette et la labellisation des arches du milieu de générer un modèle 3D de la structure étudiée. A partir de ce modèle, il est ensuite possible de localiser et individualiser les travées du réseau poreux en vue d'estimer des paramètres morphologiques ou topologiques.

Ce travail de DEA est poursuivi en thèse (G. Aufort) avec un double objectif. D'une part, établir clairement les liens entre les propriétés structurales 3D de l'os trabéculaire et celles de leurs projections 2D telle qu'une radiographie. D'autre part, relier les paramètres 2D sur des images radiographiques aux propriétés mécaniques de la structure 3D en collaboration avec le LMSP (Laboratoire de Mécanique des Systèmes et des Procédés). Il s'agit de lever plusieurs verrous qui permettront de lier les paramètres morphologiques, topologiques et mécaniques 3D de la micro architecture trabéculaire osseuse aux paramètres 2D calculés sur les radiographies osseuses.

Enfin, la société D3A Medical System a rejoint notre groupe de recherche orléanais et a développé un appareil basé sur notre technique qui aidera au diagnostic de l'ostéoporose par la mesure de la dimension fractale et de paramètres de caractérisation de textures de radiographies osseuses. Il s'agit pour nous d'apporter plus de force à la méthode utilisée, afin que la société D3A puisse promouvoir le procédé en cours de développement pour l'évaluation de la microarchitecture trabéculaire.

Je profite de cette occasion pour faire le point sur les travaux effectués depuis ma thèse. Je reviendrai sur les points essentiels qui ont guidé mes pas. J'ai donc choisi de diviser ce mémoire en quatre parties :

- étude unidimensionnelle de signaux type mbf. Je reviendrai sur le modèle et son adéquation aux données osseuses ainsi que les méthodes de synthèse et d'analyse de données type mbf.
- étude bidimensionnelle d'images type mbf. Dans cette partie seront évoquées les méthodes de synthèse et d'analyse d'images type mbf.
- application des techniques présentées précédemment aux radiographies d'os.
- étude tridimensionnelle de la microarchitecture trabéculaire osseuse. Cette partie sera consacrée à des résultats récents sur la caractérisation de l'os trabéculaire par son graphe 3D qui permet d'individualiser et de labelliser les travées osseuses. J'y parlerai aussi de l'étude biomécanique des modèles trabéculaires osseux.

Les travaux qui sont rapportés dans ce manuscrit sont exposés d'une manière synthétique, se résumant le plus souvent à une description du problème traité, suivie des résultats principaux. Des développements plus complets peuvent être consultés dans les publications jointes en annexe. Je n'ai pas jugé nécessaire de les répéter dans ce mémoire. L'accent est donc mis sur la démarche scientifique et le choix des solutions. Les résultats non publiés pourront servir pour de futurs écrits.

Introduction

Chapitre 1

Synthèse - Analyse de signaux de type mouvement brownien fractionnaire

Notre approche est basée sur une analyse fractale de textures qui peuvent être non stationnaires anisotropes. Le but de ce chapitre est de justifier le choix et présenter les modèles fractals utilisés pour l'analyse de la microarchitecture trabéculaire osseuse. Il s'agit essentiellement de signaux de type mouvement brownien fractionnaire (mbf), dans lesquels le paramètre H résume les propriétés de texture. Nous présentons également les méthodes de synthèse et d'analyse de signaux type mbf permettant la validation des méthodes appliquées à l'analyse des signaux osseux.

1.1 Choix du modèle du mbf

Ce paragraphe a pour but de développer les raisons qui ont conduit à utiliser le modèle du mbf pour la caractérisation de radiographies osseuses. Tout d'abord elles sont historiques : en 1986, une équipe aux Etats-Unis a développé une méthode [1] d'analyse de texture basée sur le mbf et l'utilisation de l'estimateur du maximum de vraisemblance. Une étude préliminaire avait été réalisée sur des patients immobilisés de manière prolongée. Le paramètre H mesuré sur des radiographies de calcanéum s'est avéré être d'autant plus faible que le temps d'immobilisation était important. En 1990, Jacquet *et al.* ont mis en évidence une diminution de H dans le cas d'une dissolution acide *in vitro* d'échantillons osseux [2].

Au delà de ces observations, l'image qui résulte de la projection de la structure 3D de l'os lors d'une radiographie fait apparaître une texture complexe avec une forte variation dans le niveau moyen de luminosité. Les images obtenues sont d'aspect non stationnaire et présentent un fort niveau de contraste. La figure 1.1 présente une radiographie numérique d'un calcanéum ainsi qu'une ligne extraite de cette dernière.

Une analyse fine du contenu spectral de telles images à l'aide du périodogramme moyen permet de mettre en évidence un comportement fractal aux hautes fréquences comme le montre la figure 1.1.

Synthèse - Analyse de signaux de type mouvement brownien fractionnaire

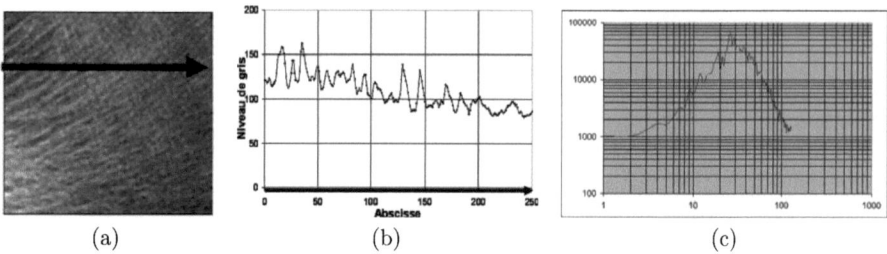

(a) (b) (c)

FIGURE 1.1 – Radiographie numérisée d'un calcaneum (a), ligne extraite sur cette image (b) et périodogramme moyen des incréments des lignes de l'image (c).

De nombreuses méthodes permettent de calculer des attributs de texture, mais peu de modèles permettent de caractériser des données non-stationnaires. Pour toutes ces raisons nous avons continué dans cette voie avec le postulat suivant : la texture des images numérisées contient de l'information relative à l'architecture osseuse.

1.2 Synthèse de signaux mbf

Le mouvement brownien fractionnaire proposé par Mandelbrot et Van Ness [3] est un modèle fractal statistique. Ce type de modèle peut servir à caractériser des phénomènes regroupés sous le terme générique de fluctuations en $1/f$.

Le mbf est un processus gaussien, centré, auto-similaire et isotrope. Il est principalement décrit par un paramètre nommé H ($0 < H < 1$) qui est relié à la dimension fractale D d'un signal par la relation D = 2 - H. Le paramètre H peut caractériser le degré d'agitation du signal : plus H est proche de 0, plus le signal est agité [4]. Dans le cas de textures, H donne alors une indication chiffrée à la notion intuitive de rugosité.

Les incréments du mbf, nommés bruits gaussiens fractionnaires (bgf), sont des processus gaussiens stationnaires à moyenne nulle. Le bgf pour un incrément τ est défini par :

$$bgf(t) = mbf(t+\tau) - mbf(t) \tag{1.1}$$

où t représente le temps.

Pour une description plus complète du mbf et du bgf, on peut consulter dans le cas continu [3] et dans le cas discret [1].

Pour mener une étude générale, il faut au préalable disposer d'une méthode de synthèse générant de vrais signaux mbf. De nombreuses méthodes de synthèse du mbf ont été décrites dans la littérature. Celles-ci se regroupent en deux classes principales. D'une part, les méthodes exactes qui génèrent des signaux ayant la même covariance que le modèle

Synthèse de signaux mbf

bgf. D'autre part, il existe une gamme de méthodes numériquement plus efficaces, comme par exemple des techniques spectrales [5], par ondelettes [6], par modèles autorégressifs [7], ou par d'autres approches plus spécifiques [8][9]. Pour ces méthodes, la covariance du signal simulé n'est qu'une approximation de la covariance du bgf.

Dans le cadre de mes travaux de thèse, nous avons comparé les méthodes les plus utilisées en traitement du signal [9]. Je présente ci-dessous les techniques exactes que nous avons mis en pratique depuis cette étude.

1.2.1 Méthode de Cholesky

La synthèse par décomposition de Cholesky [10] de la matrice de covariance des incréments du mbf est théoriquement exacte. En effet, les statistiques d'ordre 2 des incréments de tels signaux sont celles des incréments gaussiens du mbf. Cette technique consiste à synthétiser les incréments du mbf, le bgf dont la fonction d'autocorrélation est définie pour un incrément de 1 par :

$$r_{bgf}(\tau) = \frac{\sigma^2}{2}\left(|\tau+1|^{2H} - 2|\tau|^{2H} + |\tau-1|^{2H}\right), \tag{1.2}$$

où σ^2 représente la variance du bgf.

La matrice de covariance du bgf est une matrice de Toeplitz définie positive, elle peut donc être décomposée par la méthode de Cholesky.

Cette méthode a un coût de calcul en $O(N^2)$ pour une occupation mémoire en $O(N^2)$.

1.2.2 Méthode de la Matrice Circulante (MMC)

Il a été montré qu'une alternative rapide à la décomposition de la matrice de covariance est possible [11][12]. Cette méthode, dite Méthode de la Matrice Circulante (MMC), permet de synthétiser des réalisations d'un processus gaussien et stationnaire à partir de sa fonction d'autocorrélation au moyen d'une Transformée de Fourier Rapide (TFR). Les réalisations seront exactes à condition que la matrice circulante associée soit définie positive.

Au LESI, nous avons montré que cette méthode de synthèse s'applique au mbf [13][14], qu'elle est rapide et qu'elle génère de longues traces. Notons que cet algorithme a une complexité en $O(NlogN)$. Cette méthode est entièrement décrite dans l'annexe ??. Trois réalisations type mbf de grande taille générées par la MMC pour différentes valeurs de H sont présentées sur la figure 1.2.

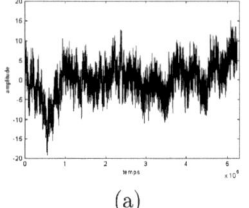 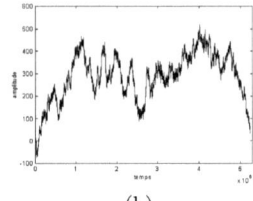 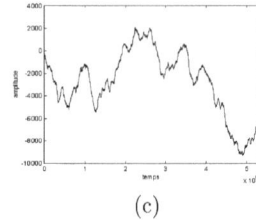

(a) (b) (c)

FIGURE 1.2 – Trois réalisations de grande taille $N = 2^{17}$ du mbf pour $H = 0.2$ (a), $H = 0.5$ (b) et $H = 0.8$ (c).

1.3 Analyse de signaux mbf

Lors de l'application du modèle mbf à un cas concret, il convient dans un premier temps de se soucier du caractère fractal des signaux expérimentaux (signaux discrets de longueur finie). Des méthodes ont déjà été proposées pour s'assurer de l'adéquation entre le modèle mbf et des signaux réels [9][15]. Dans un deuxième temps, il est nécessaire d'estimer aussi précisément que possible le paramètre H. Il existe de nombreuses méthodes qui permettent de réaliser cette tâche et il est difficile d'en choisir une a priori. Théoriquement, même si des résultats d'efficacité asymptotique sont démontrés pour certains estimateurs [16], rien ne permet de connaître leur comportement dans toutes les circonstances (signaux de longueur réduite, sensibilité au bruit, etc). Il est donc nécessaire de mener des études expérimentales pour mieux cerner les potentialités des estimateurs. L'appréciation de la qualité d'un estimateur revient à comparer la valeur du paramètre H mesurée à celle injectée lors de la synthèse des signaux.

Dans [17], nous avons évalué les méthodes d'estimation du paramètre H du mbf les plus utilisées en traitement du signal. Des ensembles de 100 signaux de taille $N = 32$ à 1024 par puissance entière de 2 ont été générés pour des valeurs du paramètre H variant de 0.1 à 0.9 par pas de 0.1 en utilisant la méthode de Cholesky. Les principales méthodes d'estimation ont été regroupées en quatre classes : les méthodes géométriques, les méthodes temporelles, les méthodes fréquentielles, et enfin les méthodes basées sur une décomposition multi-échelles. Chaque technique a été évaluée en termes de biais et de variance, cette dernière étant comparée à la borne de Cramer-Rao (BCR).

Les résultats ont montré que seule l'Estimation par Maximum de Vraisemblance (EMV) est efficace même pour des signaux de faible longueur. La méthode par ondelettes et celle basée sur la variance conduisent, quant à elles, seulement à des mesures non biaisées. Les paragraphes suivants décrivent l'EMV et sa variante dans le domaine spectral, l'estimateur de Whittle.

1.3.1 Estimateur du Maximum de Vraisemblance (EMV)

Dans le domaine temporel, la méthode EMV consiste à exprimer le logarithme de la fonction de vraisemblance (LFV) du vecteur bgf :

$$LFV(\mathbf{x};H) = -Ln\,|\mathbf{R}| - x^T \mathbf{R}^{-1} x \quad (1.3)$$

$\mathbf{x}$ est le vecteur incrément 1D du mbf et $\mathbf{R}$ est la matrice de covariance de $\mathbf{x}$ donnée par :

$$R = E\left[xx^T\right] \quad (1.4)$$

Le maximum de la probabilité doit être calculé par une méthode numérique à partir de la forme (1.3) de l'estimateur.

La complexité de l'algorithme EMV et la mémoire nécessaire sont en $O(N^2)$. Pour des signaux de taille importante (N supérieur à quelques milliers) et pour des calculs en format flottant, l'EMV n'est pas techniquement portable sur la plupart des machines d'aujourd'hui. Heureusement, l'EMV possède une variante spectrale qui permet de s'affranchir de ces contraintes.

1.3.2 Méthode de Whittle

Il existe une approximation de l'EMV dite de Whittle dans le domaine fréquentiel [18] qui est asymptotiquement efficace pour les incréments du mbf. Dans le cas discret, la fonction de vraisemblance dite de Whittle ($LFVW$) d'un vecteur observation x, s'exprime de la manière suivante [19] :

$$LFVW(\mathbf{x};H,c) = \sum_{j=1}^{Ent\left(\frac{N-1}{2}\right)} \left(-Ln\,\mathbf{T}(j;H,c) - \frac{P(j)}{T(j;H,c)}\right) \quad (1.5)$$

- $Ent(n)$ est la partie entière de n,
- T est la densité spectrale de puissance théorique du processus bgf de paramètre H,
- P est le périodogramme du vecteur observation $\mathbf{x}$,
- c est une constante de proportionnalité qui permet d'ajuster la puissance du processus à celle du signal.

La complexité de cet estimateur est en $O(Nlog_2 N)$ et la taille mémoire nécessaire est en $O(N)$. On peut alors mesurer le paramètre H de signaux très longs. Le tableau 1.1 présente les résultats obtenus par l'EMV et son approximation dans le domaine fréquentiel pour 100 signaux générés par décomposition de Cholesky et pour différentes valeurs de H.

On voit que les résultats sont de bonne qualité, tant pour l'EMV que pour sa variante de Whittle.

H	0.2		0.5		0.8	
	Moyenne	Ecart type	Moyenne	Ecart type	Moyenne	Ecart type
EMV	0.200	0.016	0.499	0.021	0.799	0.022
Whittle	0.202	0.017	0.500	0.021	0.800	0.022

TABLE 1.1 – Résultats obtenus en analysant par l'EMV et sa variante de Whittle 100 signaux mbf de 1024 échantillons générés par décomposition de Cholesky.

1.4 Bilan

Concernant la synthèse de mouvements browniens fractionnaires 1D, les techniques présentées, dites de Cholesky ou Méthode de la Matrice Circulante permettent d'obtenir des traces exactes. La technique de Cholesky, contraignante en temps de calcul et en ressources machine, permet d'obtenir des réalisations de taille raisonnable (environ 1024 échantillons sur des PC standards). La méthode de la matrice circulante, utilisant la transformée de Fourier rapide, s'affranchit des contraintes en ressources informatiques et permet d'obtenir des traces de très grande taille.

Lorsqu'il s'agit d'analyser des signaux mono-fractals de type mbf, les résultats montrés lors des diverses études menées laissent penser que l'estimateur du maximum de vraisemblance devrait être systématiquement employé pour l'estimation du paramètre H. De plus, l'approximation de Whittle dans le domaine spectral de l'EMV permet une estimation performante lorsque la taille des signaux devient importante.

Chapitre 2

Synthèse - Analyse d'images de type mouvement brownien fractionnaire

La synthèse de mouvement brownien fractionnaire 2D est utilisée dans beaucoup d'applications pour la génération de paysages naturels et de nuages[5][8]. De nombreuses méthodes disponibles dans la littérature permettent de générer de telles images avec une propriété d'autosimilarité approximative. Les plus connues sont celle du "midpoint displacement" [8][20] et celle par transformée de Fourier inverse [8]. Ces méthodes ne prennent en compte qu'une partie des propriétés du mbf et génèrent des traces non exactes de signaux de type mbf. Pour la validation par l'expérimentation des algorithmes d'analyse d'images de type mbf, il est important de disposer de méthodes exactes de génération de mbf 2D. La synthèse 2D de telles données isotropes ou non est un problème délicat qui a suscité beaucoup d'intérêt ces dernières années.

2.1 Synthèse d'images isotropes mbf

S. Höfer et al. [21] ont proposé une méthode de synthèse 2D par décomposition de Cholesky. Bien que cette technique permette de générer des traces exactes, l'algorithme souffre d'une complexité de calcul en $O(N^6)$ et requiert une matrice de taille $N^2 \times N^2$, i.e., une taille mémoire en $O(N^4)$ pour générer une image de dimension $N \times N$. Le volume de calcul élevé et la taille mémoire requise rendent cette méthode non utilisable en pratique.

Kaplan et Kuo [22] ont proposé une méthode appelée "Fourier incrémental" pour générer de telles traces. Pour ce faire la fonction d'autocorrélation des incréments du mbf, le bruit gaussien fractionnaire (bgf), est utilisée. Un champ périodique est créé par la synthèse de Fourier de sorte que les statistiques du champ approchent celles du bgf. Les incréments sont ensuite sommés pour aboutir à des traces mbf. Cette méthode comporte certains points délicats. Tout d'abord, la positivité de la Transformée de Fourier de la fonction d'autocorrélation n'est pas prouvée dans le cas 2D. Pour y remédier, les auteurs remplacent les valeurs propres négatives par 0. Ensuite, les 3 processus générés pour aboutir au mbf ne sont pas indépendants. L'ensemble de ces inconvénients rendent cette technique non exacte. Puisque cette méthode est basée sur la TFR, sa complexité de calcul est seulement en $O(N^2 Log_2 N)$ et occupation mémoire en $O(N^2)$.

2.1.1 Méthode de Stein

Stein a proposé une méthode exacte [23] permettant d'éviter l'écueil de positivité de la TF de la fonction d'autocorrélation rencontré dans la synthèse proposée par Kaplan et Kuo *et al.* Cette méthode se présente comme suit : soit B le processus mbf 2D que l'on désire simuler. Ce processus gaussien doit vérifier :

$$Var\left(B\left(x\right) - B\left(y\right)\right) = |x-y|^{2H}, \qquad (2.1)$$

où x et y sont des positions dans $\Re^2$.

Dans un premier temps, on simule un champ stationnaire isotrope Z dont la matrice de covariance K est de la forme suivante :

$$K(r) = \begin{cases} C_0 r^{2H} + C_2 r^2 & \text{pour } 0 \leq r \leq 1, \\ K_1(r) & \text{pour } 1 < r \leq R, \\ 0 & \text{pour } r > R. \end{cases} \qquad (2.2)$$

où r est le rayon dans $\Re^2$, C_0 et C_2 sont des constantes et $K_1(r)$ une fonction astucieusement choisie de sorte que la TF de K soit positive. En transposant la méthode "Fourier incrémental", il aurait simplement suffit que $K(r)$ varie comme r^{2H}. Cela aurait conduit à des valeurs négatives pour la TF de cette fonction et donc à une méthode non exacte. Stein a eu l'idée de rajouter des termes additionnels positifs qui garantissent la positivité de cette TF. La construction suivante permet en quelque sorte d'enlever ces termes additionnels tout en garantissant la condition (2.1).

Cette construction finale est alors la suivante :

$$B(x) = Z(x) + \sum_{i=1}^{2} x_i X_i \qquad (2.3)$$

où X_i sont gaussiennes centrées indépendantes et identiquement distribuées (iid) de variance $2C_2$ et indépendantes de Z. Alors Stein montre que B est un mbf 2D exact.

La figure 2.1 montre de tels champs pour $H = 0.2$, 0.5 et 0.7 et pour des tailles de 256x256 pixels.

2.2 Synthèse d'images anisotropes de type mbf

Il est souvent important de tenir compte de l'anisotropie des images étudiées, c'est à dire de la variation du paramètre H en fonction de l'angle d'analyse. C'est le cas par

Synthèse d'images anisotropes de type mbf

| H = 0.2 | H = 0.5 | H = 0.7 |

FIGURE 2.1 – Plusieurs réalisations de mbf-2D isotropes pour différentes valeurs de H obtenues par la technique de Stein.

exemple lors d'une analyse de clichés radiographiques de tissus osseux où l'anisotropie peut être porteuse d'informations [24]. Une variation d'anisotropie sur une projection 2D peut révéler des modifications de la structure 3D.

La synthèse d'images fractales type mbf anisotropes est un problème délicat qui reste ouvert. A notre connaissance, il n'existe pas de méthodes exactes pour générer de telles traces. Nous proposons 2 méthodes approximatives qui permettent d'obtenir des images d'aspect anisotrope.

2.2.1 Synthèse par TF inverse

Le mbf D-dimensionnel isotrope (mbf-D) de paramètre H peut être représenté à l'aide de son intégrale stochastique spectrale [25] :

$$B_H(t) = \int_{\Re^D} \frac{e^{it.\xi} - 1}{|\xi|^{H+D/2}} dB^D(\xi) \qquad (2.4)$$

où
- $B^D = \{B(\xi); \xi \in \Re^D\}$ est le champ brownien D-dimensionnel de Lévy qui dépend de la fréquence ξ,
- $t.\xi$ représente le produit scalaire entre les vecteurs t et ξ,
- et $|\xi|$ est la norme euclidienne du vecteur ξ.

Nous appelons usuellement densité spectrale le terme $1/|\xi|^{(H+D/2)}$ dans l'équation (2.4).

Pour définir un champ brownien fractionnaire anisotrope (CBFA), Bonami et Estrade ont modifié convenablement la densité spectrale. Plusieurs solutions sont envisageables dans le cas bidimensionnel où $\xi = (u,v)$ [26]. Parmi celles-ci, la plus simple consiste à remplacer la constante H par une fonction de l'angle $\theta = arctg(v/u)$, π-périodique, qui prend ses valeurs dans l'intervalle]0,1[. Un tel CBFA peut alors s'écrire de la manière suivante pour $t \in \Re^2$:

Synthèse - Analyse d'images de type mouvement brownien fractionnaire

$$B_H(t) = \int_{\Re^2} \frac{e^{it.\xi} - 1}{|\xi|^{H(\theta)+1}} dB^2(\xi) \qquad (2.5)$$

La figure 2.2 montre quelques réalisations de taille 256x256 de CBFA pour $H(\theta) = H_0 + H_1 \cos(2\theta)$.

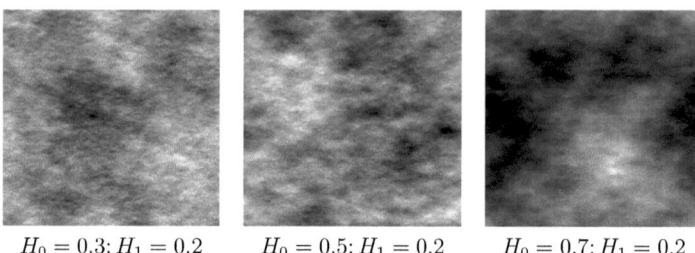

$H_0 = 0.3; H_1 = 0.2$ $H_0 = 0.5; H_1 = 0.2$ $H_0 = 0.7; H_1 = 0.2$

FIGURE 2.2 – Plusieurs réalisations de CBFA pour différentes valeurs de H_0 et H_1 obtenues par transformée de Fourier inverse.

On voit que la rugosité de ces images est liée à la valeur du paramètre H_0. Plus H_0 est élevé plus l'image est lisse.

2.2.2 Synthèse anisotrope par la méthode de Stein

La méthode 2D de Stein étant exacte, il est naturel d'essayer d'étendre cette technique au cas anisotrope. Sur le plan théorique, nous n'avons pas pu formellement établir cette extension. Afin d'obtenir des images anisotropes, nous proposons d'introduire de l'anisotropie dans les données exactes obtenues par la technique isotrope de Stein. L'algorithme est le suivant :

- synthétiser une image isotrope par la méthode de Stein,
- réaliser une TF de l'image obtenue,
- modifier le module de la TF en remplaçant la constante H par une fonction de l'angle $\theta = arctg(v/u)$, π-périodique, qui prend ses valeurs dans l'intervalle $]0,1[$,
- réaliser une TF inverse qui donne le résultat.

La figure 2.3 montre quelques réalisations obtenues par cette méthode avec la fonction $H(\theta) = H_0 + H_1 \cos(2\theta)$ pour différentes valeurs de H.

Les 2 méthodes présentées permettent d'obtenir des images d'aspect anisotrope qui peuvent servir pour la description de phénomènes naturels où l'invariance d'échelle de la texture suffit et où l'autosimilarité exacte de la texture n'est pas d'une très grande importance. Ces données peuvent aussi être utilisées pour la validation partielle des algorithmes d'extraction d'informations concernant l'anisotropie.

Analyse d'images de type mbf

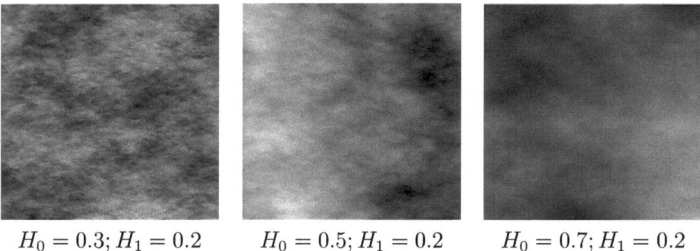

$H_0 = 0.3; H_1 = 0.2$ $H_0 = 0.5; H_1 = 0.2$ $H_0 = 0.7; H_1 = 0.2$

FIGURE 2.3 – Plusieurs réalisations de CBFA pour différentes valeurs de H_0 et H_1 par la méthode de Stein anisotrope.

2.3 Analyse d'images de type mbf

Deux paramètres nous semblent intéressants à mesurer dans le cadre de notre application de la théorie fractale à l'imagerie osseuse :
- le paramètre H ($0 < H < 1$) contrôlant la rugosité de la texture : plus H est proche de 0, plus l'image est rugueuse et plus H est proche de 1, plus l'image est lisse [4]. Pour ce faire, comme dans le cas 1D, l'estimateur par maximum de vraisemblance est le plus efficace, cependant il a une complexité en $O(N^4)$, ce qui le rend difficilement applicable sur des signaux de grande taille. Seul l'estimateur par maximum de vraisemblance de Whittle (WMV) est utilisable en pratique.
- l'anisotropie fractale des images étudiées, c'est-à-dire, la variation du paramètre H en fonction de l'angle d'analyse. Nous proposons ici une nouvelle méthode appelée MMD (Méthode des Moyennes Directionnelles) permettant une mesure de l'anisotropie fractale.

Ci-dessous, je décris les 2 méthodes principales que nous avons mises en place pour évaluer la rugosité et l'anisotropie des images à notre disposition.

2.3.1 Estimation de la rugosité d'une texture non stationnaire

Whittle a approché le maximum de vraisemblance qui présente des problèmes de complexité élevé. En effet, la matrice de covariance des incréments du mbf, doit être inversée. Ceci est coûteux en mémoire et temps machine, particulièrement si la dimension des données est grande. L'estimateur de Whittle qui est non biaisé et atteint la borne de Cramer-Rao peut être généralisé au cas 2D. Dans ce cas, la fonction de vraisemblance à minimiser, LFVW, est :

$$LFVW(\mathbf{x}; H, c) = \sum_{i=1}^{Ent\left(\frac{N-1}{2}\right)} \sum_{j=1}^{Ent\left(\frac{N-1}{2}\right)} \left(-Ln\,\mathbf{T}(i,j;H,c) - \frac{P(i,j)}{T(i,j;H,c)} \right) \qquad (2.6)$$

Comme dans le cas 1D,

- $Ent(n)$ représente la partie entière de n,
- T est la densité spectrale de puissance théorique du processus bgf 2D de paramètre H,
- P est le périodogramme du vecteur observation 2D, **x**,
- c est une constante de proportionnalité.

T est calculé comme la transformée de Fourier de la fonction d'autocorrélation du bgf 2D. Pour plus de rapidité, on utilise l'algorithme TFR. La complexité est en $O(N^2 Log_2 N)$ et la taille mémoire nécessaire est en $O(N^2)$. Le tableau 2.1 présente les moyennes et écarts types de l'estimation de H sur 100 images simulées par la méthode de Stein de taille 256x256.

H	0.2	0.5	0.7
Moyenne	0.208	0.514	0.718
Ecart type	0.004	0.006	0.008

TABLE 2.1 – Moyennes et écarts-types constatés de 100 images Stein de taille 256x256 analysées par Whittle 2D pour différentes valeurs de H.

Ces résultats sont de bonne qualité car le biais et l'écart-type sont faibles.

2.3.2 Evaluation de l'anisotropie fractale

Une évaluation naturelle de l'anisotropie consisterait à mesurer le paramètre H de lignes parallèles extraites d'une image et de répéter cette analyse pour un nombre fini de directions, c'est-à-dire mesurer la régularité $R(\varphi)$ d'une réalisation dans plusieurs directions φ. Or, cette évaluation naturelle se heurte à des difficultés majeures. Davies et al. ont montré que la régularité d'un champ à accroissements stationnaires est identique dans toutes les directions sauf éventuellement une [27].

Une tentative d'évaluation de l'anisotropie par mesures successives de la régularité dans différentes directions, en extrayant des lignes parallèles d'un champ à accroissements stationnaires, est vouée à l'échec : la probabilité de trouver la direction particulière est nulle.

Une autre approche possible consiste à retrouver cette anisotropie dans le domaine spectral [28]. Mais on se heurte alors à des difficultés pratiques. En premier lieu, le calcul de la transformée de Fourier pour de telles images non stationnaires est délicat ainsi que l'estimation de $H(\theta)$ à partir du spectre 2D calculé. De plus, la complexité de la méthode est en $O(N^2 Log N)$ pour une image de taille NxN.

La Méthode des Moyennes Directionnelles (MMD) proposée par Bonami et Estrade [26] consiste à extraire des lignes parallèles d'un CBFA. Pour chaque ligne, on calcule sa moyenne. On obtient ainsi un nouveau signal dont l'exposant critique de Hölder est égal à l'exposant, dans la direction orthogonale, de la densité spectrale du CBFA augmentée de 0.5. En effet, le fait de sommer le long de lignes rajoute de la régularité au processus intégré. On peut remarquer le parallèle entre cette approche et le théorème des projections qui permet, par exemple, la reconstruction en tomodensitométrie X. La MMD que nous proposons permet de mettre en évidence l'anisotropie fractale et est relativement simple à mettre en place. Enfin, elle nécessite très peu de puissance de calcul.

Nous avons appliqué la MMD sur différentes images de taille 512x512 isotropes type Fourier incrémental et anisotropes synthétisées par TF inverse [29]. Afin de réduire les approximations induites par la lecture orientée nous n'avons retenu que 4 directions où les pixels sont alignés aux angles $0°, 45°, 90°$ et $135°$. Pour atténuer l'effet des fluctuations statistiques, la valeur prise comme estimation de H est la moyenne de 50 mesures obtenues à partir d'images indépendantes. Ces valeurs sont ensuite reportées sur un diagramme polaire mettant en évidence les variations angulaires caractéristiques de la texture (figure 2.4 pour les images isotropes et figure 2.5 pour les images anisotropes).

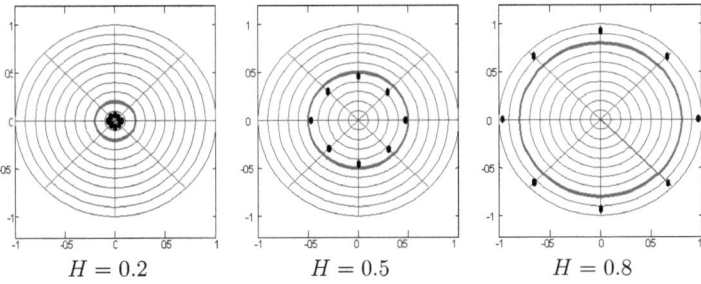

FIGURE 2.4 – MMD appliquée sur des mbf 2D isotropes. En rouge, les cercles théoriques et les 8 points de mesure. Les cercles des graduations sont espacés de 0.1.

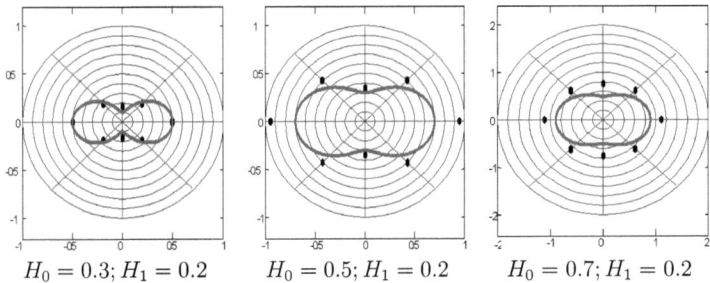

FIGURE 2.5 – MMD appliquée sur des mbf 2D anisotropes. En rouge les formes théoriques et les 8 points de mesure. Les cercles des graduations sont espacés de 0.1 sauf pour le diagramme de droite où cette valeur vaut 0.2

On remarque dans le cas isotrope que les valeurs mesurées sont proches de celles espérées pour $H = 0.5$, sous estimées pour $H = 0.2$ et sur estimées pour $H = 0.8$.

Les résultats trouvés dans le cas anisotrope sont de bonne qualité lorsque les valeurs de H sont inférieures à 0.5, c'est à dire lorsque le paramètre $\overline{H}$ du processus moyenné est inférieur à 1. Pour des valeurs supérieures, on note des valeurs de H généralement surestimées.

2.4 Bilan

Le présent chapitre avait pour but de présenter les techniques à considérer lorsqu'il s'agit de mesurer ou de valider des méthodes d'estimation du paramètre H ou d'évaluer l'anisotropie sur des images modélisées par le mouvement brownien fractionnaire.

Pour ce qui est des méthodes de synthèse d'images type mbf, il semble raisonnable d'utiliser la méthode de Stein pour générer des images exactes de mbf. Il reste cependant à étudier l'extension de cette technique aux dimensions supérieures et en particulier au cas 3D.

Quant à la génération de traces type mbf anisotropes, il n'existe actuellement aucune méthode à notre connaissance et le problème reste ouvert.

Concernant l'estimation du paramètre H, l'estimateur du maximum de vraisemblance ayant une complexité trop importante, sa variante dans le domaine spectral dite de Whittle est à privilégier. Basée sur la transformée de Fourier rapide cette méthode permet de considérer des images de grande taille sur des stations de travail standard.

Pour l'évaluation de l'anisotropie, l'analyse fractale orientée (AFO) proposée par le passé [30] et consistant à analyser des lignes dans différentes orientations semble mal adaptée. Cependant, cette technique reste intéressante pour mettre en évidence le comportement du paramètre H en fonction de l'angle d'analyse.

La Méthode des Moyennes Directionnelles, quant à elle, offre un potentiel important que ce soit pour l'évaluation de l'anisotropie fractale ou pour décrire la porosité d'un milieu tridimensionnel connu au travers d'une de ses projections 2D comme par exemple une radiographie. Cette méthode simple à implémenter devrait être validée expérimentalement sur des volumes de type mbf obtenus par une méthode exacte.

Chapitre 3

Application de l'analyse fractale aux radiographies d'os trabéculaires

Un des objectifs de notre projet est d'apporter des outils nécessaires à l'étude des modifications architecturales de l'os trabéculaire liées à l'ostéoporose. Cette maladie du troisième âge sera probablement l'une des plus importantes du siècle à venir, surtout dans les pays développés où l'espérance de vie ne cesse d'augmenter. Pour prévenir les risques de traumatisme, il est intéressant, en plus des mesures de densité aujourd'hui pratiquées en routine clinique, de quantifier précisément les modifications de la microarchitecture trabéculaire à partir d'images de radiographies osseuses.

3.1 Structure de l'os

Une brève description de l'os permet de comprendre sa composition. D'un point de vue atomique, l'os est composé essentiellement de calcium et de phosphore. D'un point de vue sructure, l'os est composé de 2 parties. L'os cortical, ou os compact et l'os trabéculaire. La partie corticale, épaisse de quelques millimètres, est organisée en une structure lamellaire très compacte. On la trouve essentiellement dans les os longs (tibia par exemple). L'os cortical entoure l'os trabéculaire qui a une structure poreuse. Ce dernier constitue la partie médullaire des os longs et la majeure partie des os courts (vertèbres par exemple).

L'os trabéculaire est formé de travées interconnectées de façon irrégulière ayant une épaisseur de l'ordre de 80 à 200 μm et sont distantes les unes des autres de 400 à 500 μm en moyenne. Dans les mailles de ce réseau, se trouve la moelle osseuse richement vascularisée.

Le tissu osseux constitué d'une matrice organique collagénique chargée d'un minéral (le cristal d'apatite de calcium) est continuellement dégradée et synthétisée respectivement par deux types de cellules : les ostéoclastes et les ostéoblastes. L'activité des ostéoclastes et des ostéoblastes contrôle le processus dynamique de remodelage qui tout au long de la vie, renouvelle le tissu osseux et permet de conserver ses propriétés biomécaniques. A l'âge adulte, ce cycle de remodelage comprend une phase de résorption osseuse de deux à trois semaines due aux ostéoclastes, qui précède une phase de formation d'environ trois mois liée aux ostéoblastes.

La phase de formation l'emporte pendant la croissance jusqu'à l'acquisition du pic de masse osseuse. Puis la formation et la résorption sont en équilibre jusqu'à 30 ans environ. Ensuite, la durée d'activité des ostéoblastes est diminuée alors que la quantité d'os résorbé diminue très peu. Le résultat de ce phénomène est un amincissement de l'épaisseur des travées constituant l'os trabéculaire et une augmentation de l'espace intertrabéculaire. Par ailleurs, des perforations de travées peuvent avoir lieu, entraînant alors une diminution du nombre de travées ainsi qu'une perte de la résistance mécanique de l'os.

Le profil de la perte osseuse est différent selon le sexe. En effet, les femmes perdent au cours de leur vie à peu près la moitié de leur capital osseux initial (dont la moitié à la ménopause), alors que les hommes en perdent environ un quart [31]. Ce déséquilibre entre la quantité d'os formée et la quantité d'os résorbée est un processus normal du vieillissement car avec l'âge les capacités de démultiplication des ostéoblastes diminuent. En revanche, lorsque le déséquilibre est trop important la personne est atteinte d'ostéoporose.

3.2 Ostéoporose

Lors du vieillissement ou après la ménopause, il y a une perte de masse osseuse qui, lorsqu'elle est excessive, est appelée ostéoporose [32]. L'ostéoporose se traduit par un amincissement de l'os cortical. L'os trabéculaire subit des modifications architecturales : amincissement des travées, diminution de leur nombre, perforation, connectivité plus faible. Ces changements sont visibles sur la figure 3.1 qui présente respectivement une vue d'un os trabéculaire sain et une autre d'un os atteint d'ostéoporose et permet d'apprécier l'importance des modifications architecturales.

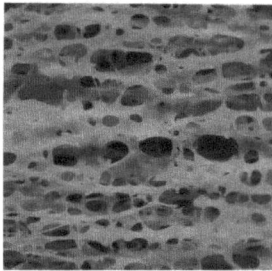 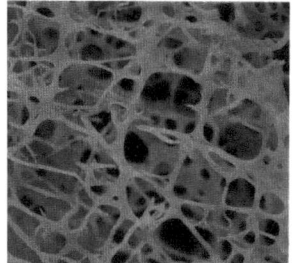

Os trabéculaire sain — Os trabéculaire avec ostéoporose

FIGURE 3.1 – Différentes vues d'os trabéculaires sain et avec ostéoporose.

L'ostéoporose et les fractures ostéoporotiques constituent un problème majeur de santé publique en raison des incapacités, de la détérioration de la qualité de vie et de la mortalité qui en résulte. Selon la Fondation internationale pour l'ostéoporose, il se produit toutes les 30 secondes en Europe une fracture consécutive à une ostéoporose. Chaque année, 27 milliards d'Euro en Europe et aux Etats-Unis sont dépensés pour couvrir le traitement des 2,3 millions de fractures ostéoporotiques qui s'y produisent (Communiqué de presse OMS/58 - 11 octobre 1999). A partir de 50 ans, on estime à 30%-40% le risque d'avoir une fracture ostéoporotique de la hanche, de l'avant bras ou vertébrale pour une femme blanche [33].

L'ostéoporose est une "maladie silencieuse" qui ne se révèle cliniquement qu'au moment des fractures. Il se passe plusieurs années entre le début de la maladie et la complication fracturaire. Il y a quelques années on attendait l'apparition de fractures pour évoquer le diagnostic. Actuellement l'ostéoporose peut être reconnue et traitée bien avant la survenue de ces fractures. C'est pour tenir compte de cette donnée capitale que la définition de l'ostéoporose a été modifiée il y a une dizaine d'années. A présent, l'ostéoporose se définit comme une maladie du squelette caractérisée par une diminution de la masse osseuse et par une détérioration microarchitecturale du tissu osseux causant une fragilité accrue de l'os et une augmentation du risque de fracture [34].

3.3 Analyse des radiographies osseuses

L'analyse 3D de l'os trabéculaire présente des difficultés pratiques de mise en place *in vivo*. Cette contrainte a renforcé le développement des techniques d'analyse de radiographies. La radiographie présente l'avantage d'être simple à mettre en œuvre et la durée de l'examen est très faible. Cette technique nécessite une source de rayons X et un récepteur permettant d'enregistrer et de visualiser l'image résultante. Le cliché enregistre l'image formée par les rayons X qui sont plus ou moins absorbés lorsqu'ils traversent un objet. On obtient une image texturée, non stationnaire et anisotrope en niveaux de gris, du réseau trabéculaire projeté comme le montre la figure 3.2. Cette simplicité ne doit pas cacher la perte d'information qui peut résulter de cette analyse en projection, même si certaines études ont montré que la texture des images radiographiques contient des informations concernant la structure 3D de l'os [35][36].

Une des premières techniques développée à Orléans pour l'analyse des radiographies osseuses est issue de celle réalisée en 1986 par une équipe aux Etats-Unis qui a proposé une méthode d'analyse de texture basée sur l'estimation du paramètre H du mbf par maximum de vraisemblance [1]. Chacune des lignes de l'image radiographique forme un signal correspondant à la variation des niveaux de gris. Chaque signal est modélisé par le mouvement brownien fractionnaire. Le mbf étant un processus non stationnaire, l'estimation du paramètre H se fait à partir des incréments de chaque ligne, modélisées alors par le bruit gaussien fractionnaire. Une étude préliminaire avait été réalisée sur des patients immobilisés de manière prolongée. Le paramètre H mesuré sur des radiographies de calcanéum s'est avéré être d'autant plus faible que le temps d'immobilisation était important.

En 1990, Jacquet *et al.* ont mis au point une technique d'analyse fractale basée sur le modèle du mbf appelée Analyse Fractale Orientée (AFO) [2]. Le paramètre H est estimé

Application de l'analyse fractale aux radiographies d'os trabéculaires

sur les images radiographiques suivant 36 directions et la moyenne de ces valeurs permet de calculer un indice appelé Hmean. Une diminution de Hmean a alors été mise en évidence dans le cas d'une dissolution acide d'échantillons osseux *in vitro*. De plus, une étude préliminaire a montré le pouvoir discriminant du paramètre Hmean entre un groupe de patients ostéoporotiques et un groupe de témoins [37].

En 1995, suite à mes travaux de thèse [30], une validation de la caractérisation des images radiographiques par le mbf a été réalisée [38]. Les études menées ont montré que l'analyse fractale apporte des informations significatives pour le diagnostic de l'ostéoporose, complétant ainsi d'autres voies d'approche en traitement d'images.

Par ailleurs, l'analyse fractale orientée permet de représenter un diagramme polaire donnant la valeur de H en fonction de l'angle d'analyse, voir figure 3.2.

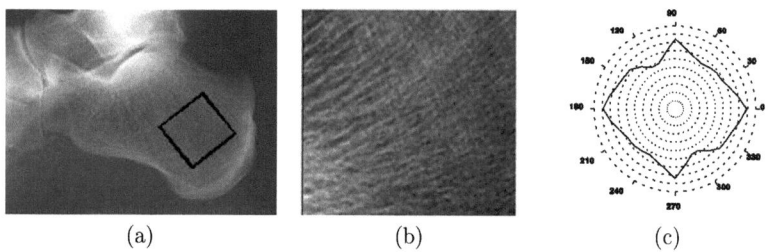

(a) (b) (c)

FIGURE 3.2 – Image radiographique numérisée d'un pied (a), sa région d'intérêt extraite (b) et le diagramme polaire obtenu par AFO (c).

Nous avons mis en évidence que quelques coefficients de Fourier calculés à partir de ce diagramme étaient différents en fonction du site osseux analysé [39]. Cette étude fut la première étape dans la caractérisation de l'anisotropie de l'os. Par la suite, elle a été approfondie et des paramètres d'anisotropie ont été établis [30][40].

Des relations ont été montrées entre Hmean mesuré sur des radiographies de calcanéum et certains paramètres microarchitecturaux [41], ainsi qu'avec certaines propriétés biomécaniques [42].

De plus, Benhamou *et al.* ont montré le caractère complémentaire du paramètre Hmean avec la mesure de densité osseuse mesurée par densitométrie [43].

Enfin, une étude de l'effet de la résolution sur l'analyse de radiographies du tissu osseux a montré qu'une augmentation de la résolution de l'image analysée permettrait d'améliorer la détection des modifications microarchitecturales [44].

Une description complète relative à l'analyse fractale des radiographies osseuses est décrite dans la publication jointe en annexe ??.

3.4 Bilan

Pour caractériser la texture des radiographies osseuses, plutôt que d'essayer plusieurs méthodes, nous avons choisi l'analyse par méthodes fractales. Nous en avons exploré toutes les facettes. Les résultats obtenus ont montré que l'analyse de la microarchitecture osseuse sur radiographie est une méthode très intéressante. Cependant, le protocole de numérisation des radiographies traditionnelles comprend de nombreuses étapes et ne dispose pas des facilités que propose la radiographie numérique de nos jours.

Grâce au développement des capteurs numériques haute résolution, un système d'acquisition de radiographies numériques haute résolution a été étudié par G. Lemineur [45] lors de sa thèse pour faciliter et accélérer l'exploitation de la technique en routine clinique. Les résultats ont montré que le système numérique permet d'obtenir des images avec une résolution de 80 μm alors que les images de clichés radiographiques numérisés ont une résolution de 160 μm. Le système numérique haute résolution est donc techniquement le plus adapté dans le cadre de notre étude puisqu'il permet d'atteindre la taille des travées osseuses qui est de l'ordre de 80 à 200 μm. Ainsi un prototype a pu être mis en place, il est en cours de commercialisation.

Tout ceci, pourrait être complété par un bon examen des données. Des techniques de séparation de l'information concernant la texture des indices de géométrie ou de fond pourraient être utilisées. Il s'agit d'isoler les différentes composantes caractérisant le signal afin d'identifier la signature relative à la pathologie.

Chapitre 4

Etude 3D de la microarchitecture trabéculaire osseuse

L'utilisation de la radiographie pour évaluer les modifications de la microarchitecture trabéculaire de l'ostéoporose est simple et peu coûteuse. Cependant, cette projection de l'os entraîne des pertes d'information souvent irrémédiables. L'objectif de ce chapitre est de présenter les résultats reliant les paramètres architecturaux 2D et 3D. Les nouveaux outils que nous avons développés pour la caractérisation de la microarchitecture trabéculaire sont également présentés. Auparavant, je souhaite développer les objectifs qui animent cette thématique. Ils sont au nombre de deux. D'une part nous souhaitons corréler ou relier directement des paramètres estimés sur des coupes ou des projections 2D aux caractéristiques morphologiques ou topologiques de la structure 3D étudiée. D'autre part, nous envisageons de mettre en place un protocole permettant de corréler des simulations mécaniques virtuelles aux tests mécaniques expérimentaux réalisées sur les données réelles.

4.1 Corrélation entre paramètres 3D de la microarchitecture osseuse et H

Des techniques récentes d'imagerie 3D comme la microtomographie [46] ou l'imagerie à résonance magnétique [47] permettent d'obtenir des images 3D haute résolution facilitant la description de la microarchitecture trabéculaire. Ces techniques généralement coûteuses ne sont pas applicables *in vivo* sur l'homme pour le dépistage. A faible dose de rayonnement, les images obtenues sont d'une qualité médiocre et le temps nécessaire à l'acquisition reste inacceptable en routine clinique.

Une radiographie de l'os est une projection 2D d'une structure 3D complexe. Le résultat apparaît souvent comme une image texturée anisotrope non stationnaire. Le problème dans beaucoup d'applications d'analyse d'images de projection 2D est de parvenir à relier exactement les paramètres obtenus en 2D aux caractéristiques 3D de la structure étudiée. Il est donc utile et important d'étudier la corrélation existant entre les propriétés 3D

Etude 3D de la microarchitecture trabéculaire osseuse

de la microarchitecture trabéculaire osseuse et le paramètre H de sa projection afin de comprendre le développement de l'ostéoporose.

Ainsi, lorsque j'étais à l'Université de Rhode Island (Etats-Unis, 1998), j'ai étudié des images tomographiques d'échantillons osseux (17.6 μm) acquises au Synchrotron de l'Université de Stanford et fournies par S. Majumdar de l'Université de San Francisco (Etats-Unis),

Le but de cette étude était d'observer l'évolution des paramètres 3D lors des modifications de la microarchitecture trabéculaire en fonction du paramètre H. Afin de simuler cette détérioration de l'os trabéculaire, une méthode de morphologie mathématique, l'érosion, a été appliquée aux images tomographiques. Ainsi, différents modèles osseux ont été générés et analysés afin de mieux apprécier l'évolution des paramètres architecturaux. La figure 4.1 présente les différents modèles obtenus en fonction du degré de dégradation de la structure originelle. On observe que les travées sont amincies au cours des premières érosions. De plus, dès la cinquième érosion celles-ci sont rompues, introduisant ainsi plusieurs fragments osseux.

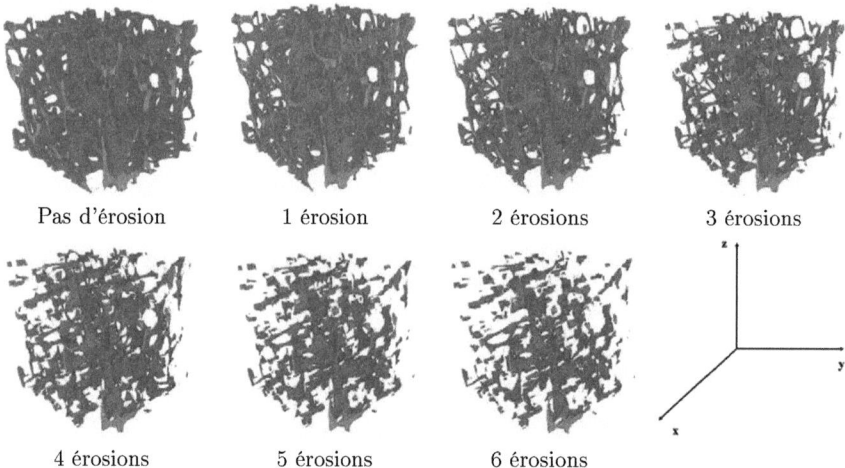

FIGURE 4.1 – Résultat des érosions successives d'une image 3D de l'os trabéculaire.

La dernière étape a consisté à réaliser la projection numérique de ces images 3D et à calculer le paramètre H sur ces dernières afin d'établir une corrélation avec les paramètres architecturaux 3D.

La figure 4.2 présente le projeté obtenu à chaque étape suivant l'axe z. Pour cette étude, les projections suivant les trois axes (x, y et z) ont été réalisées.

Nous nous sommes intéressés aux paramètres morphologiques de la microarchitecture osseuse les plus étudiés dans le domaine, tels que l'épaisseur moyenne des travées (Tb.Th

Corrélation entre paramètres 3D de la microarchitecture osseuse et H

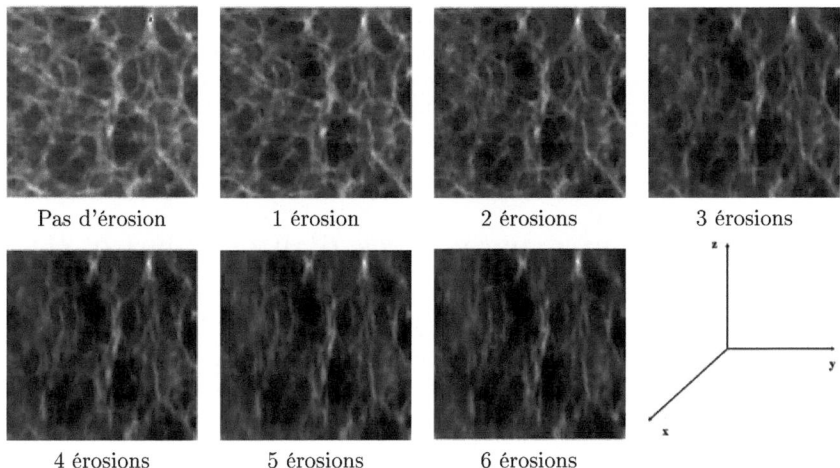

FIGURE 4.2 – Projections suivant l'axe z obtenues après érosions successives d'une image 3D d'os trabéculaire.

pour Trabecular Thickness), le nombre de travées par unité de surface (Tb.N pour Trabecular Number), l'espace inter-travées (Tb.Sp pour Trabecular Spacing). Nous avons aussi mesuré un paramètre de densité, la proportion de volume osseux (BV/TV pour Bone Volume/ Total Volume) et un paramètre de connectivité (Conn.D pour Connectivity Density).

Dans le cadre de son stage de DEA, G. Lemineur a implémenté les différents algorithmes de calcul de ces grandeurs afin de corréler leurs valeurs au paramètre fractal H des projections principales, notés H_x, H_y et H_z. Le tableau 4.1 regroupe les coefficients de corrélation trouvés.

	BV/TV	Tb.Th	Tb.Sp	Tb.N	Conn.D
H_x	0.925±0.021	0.727±0.391	-0.953±0.041	0.967±0.013	0.563±0.279
H_y	0.991±0.007	0.858± 0.317	-0.788±0.069	0.956±0.015	0.316±0.397
H_z	0.982±0.011	0.807±0.351	-0.881±0.055	0.991±0.006	0.461±0.341

TABLE 4.1 – Moyennes ± écarts types des coefficients de corrélation obtenus entre (H_x, H_y et H_z) et (BV/TV, Tb.Th, Tb.Sp, Tb.N et Conn.D).

On voit que ces corrélations sont élevées entre (H_x, H_y et H_z) et (BV/TV, Tb.Th, Tb.Sp, Tb.N). Une faible corrélation a été enregistrée entre (H_x, H_y et H_z) et Conn.D. Ceci est principalement dû au processus utilisé pour simuler la dégradation des travées osseuses. Sur la figure 4.1, on peut constater que les premières étapes d'érosion introduisent de petites cavités dans la structure. Ensuite, des travées osseuses sont complètement isolées de l'amas principal. Ceci induit une déconnexion complète des travées osseuses, scénario peu probable lors d'une dégradation de la structure trabéculaire de l'os. Ces résultats ont fait l'objet d'une publication [48] (jointe en annexe ??). Ils sont en accord avec ceux d'une autre étude [36][49] menée au cours de la thèse de L. Pothuaud sur des images IRM d'os trabéculaire de résolution isotrope 78 μm .

4.2 Relation entre paramètres d'autosimilarité 3D et 2D

Les résultats obtenus précédemment montrent qu'il existe des corrélations entre les paramètres 3D architecturaux de l'os trabéculaire et la dimension fractale de sa projection. Cependant, aucun lien théorique n'a été trouvé entre les mesures effectuées sur les radiographies et celles estimées sur l'architecture 3D. Afin d'apporter plus de force au procédé radiographique utilisé pour l'évaluation de la microarchitecture trabéculaire, un de nos objectifs est d'établir clairement les liens entre les propriétés structurales 3D de l'os trabéculaire et celles de leurs projections 2D telle qu'une radiographie. Le but est donc de remonter à des caractéristiques 3D à partir d'indices estimés en 2D sur une projection ou sur une coupe 2D.

Un théorème récemment établi par Bonami et Estrade stipule que l'indice d'autosimilarité H_n d'un mbf dans un espace à n dimensions (nD) est égal à celui de sa projection H_{n-1} dans un espace (n-1)D diminuée de 0.5 [26]. Plus clairement, $H_{nD} = H_{(n-1)D} - 0.5$. Ce résultat fort indique qu'il est possible d'accéder à l'autosimilarité 3D d'un objet fractal continu par simple mesure de celle en 2D.

Nous avons appliqué ce résultat d'une part sur des fractals continus de synthèse, ensuite sur des volumes trabéculaires osseux [29][50].

4.2.1 Application sur des données synthétiques

Pour les données synthétiques de mbf, nous ne disposons que de données 2D exactes générées par la méthode de Stein (cf §2.1.1). Le but est donc de vérifier si l'auto similarité d'un fractal 2D, H_{2D}, est reliée à celle de son projeté 1D, H_{1D} par : $H_{2D} = H_{1D} - 0.5$. Pour illustrer ce résultat, nous avons généré 50 réalisations indépendantes de taille 1024x1024 ayant différentes valeurs de H_{2D}, à savoir 0.2, 0.3 et 0.4. Nous avons calculé les projetés par simple sommation des lignes dans une direction et estimé H_{1D} en utilisant la méthode de la variance de Pentland [4]. La figure 4.3 montre une image de synthèse avec son projeté.

Les valeurs moyennes obtenues pour H_{1D} sont reportées sur le tableau 4.2. Les résultats montrent que H_{1D} est proche de $H_{2D} + 0.5$ comme attendu. Les différences obtenues peuvent être attribuées à la taille limitée des données ainsi qu'aux méthodes d'estimation utilisées. Ceci mérite toutefois une étude plus approfondie.

Relation entre paramètres d'autosimilarité 3D et 2D

 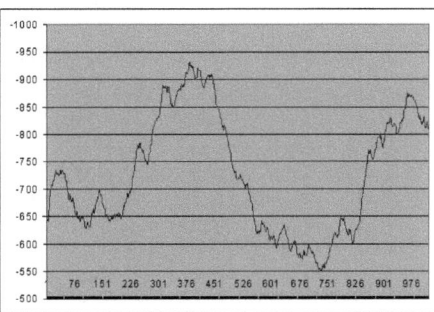

FIGURE 4.3 – Image générée par la méthode Stein pour $H = 0.4$ et son projeté 1D.

H_{2D}	0.2	0.3	0.4
H_{1D} (**moyenne**)	0.622	0.744	0.839
H_{1D} (**Ecart type**)	0.024	0.028	0.026

TABLE 4.2 – H_{2D} (0.2, 0.3 et 0.4) pour 50 réalisations exactes et valeurs de H_{1D} (moyennes et écart-types) obtenues sur les projetés.

4.2.2 Application sur des volumes trabéculaires osseux

Accéder à des paramètres 3D de la microarchitecture trabéculaire uniquement à partir de sa projection est une idée qui présente beaucoup d'intérêt puisque les radiographies sont très peu radiantes et peu coûteuses. Dans cette section, nous vérifions expérimentalement que la relation ($H_{2D} = H_{3D} + 0.5$) tient pour les données osseuses.

Dans le cadre du stage de DEA de S. Bretteil (2002) et de la thèse de G. Lemineur, nous avons examiné des images osseuses haute résolution obtenues à l'aide d'un microtomographe de l'IPROS (Institut de Prévention et de Recherche sur l'OStéoporsose). Un total de 21 têtes fémorales ont été utilisées pour cette expérience. Nous avons utilisé la partie centrale de taille 4.80 mm^3 de chaque échantillon. La résolution était de 12 μm ce qui nous a permis d'obtenir des volumes de taille 400x400x400 pixels. La figure 4.4 montre un volume 3D et sa projection.

Pour l'estimation de l'autosimilarité des projections, H_{2D}, nous avons utilisé la méthode de la variance. La régression linéaire a été effectuée sur les 5 premiers points de la courbe Log-Log représentant la variance des incréments en fonction du pas. En effet, le projeté est asymptotiquement autosimilaire uniquement aux petites échelles comme démontré dans [26].

Le volume osseux étant composé de 2 phases, l'une représentant les travées osseuses et l'autre le vide, H_{3D} est mesuré par la méthode des boîtes. Comme pour le projeté, nous avons considéré les 5 premiers points de la courbe Log-Log représentant le nombre

Etude 3D de la microarchitecture trabéculaire osseuse

de boîtes interceptées en fonction de la taille des boîtes.

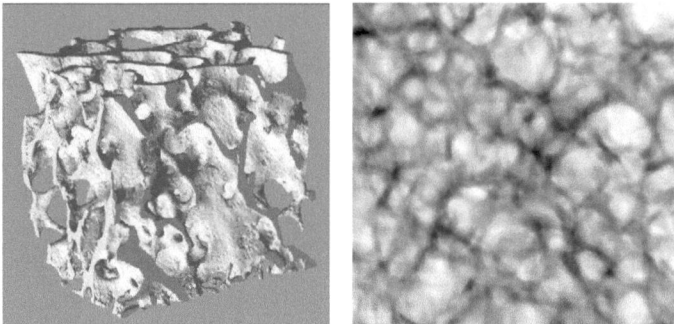

FIGURE 4.4 – Volume trabéculaire 3D et sa projection 2D.

H_{3D} et H_{2D} ont été mesurés sur chacun des 21 spécimen et ses projetés suivant les 3 axes principaux (x, y, z). Le tableau 4.3, où sont représentés les moyennes et écart types de l'offset trouvé entre ces 2 paramètres d'autosimilarité, montre qu'ils sont bien reliés par la relation $H_{2D} = H_{3D} + 0.5$.

	$H_{2D} - H_{3D}$ suivant l'axe x	$H_{2D} - H_{3D}$ suivant l'axe y	$H_{2D} - H_{3D}$ suivant l'axe z
Moyenne	0.521	0.501	0.482
Ecart-type	0.049	0.044	0.036

TABLE 4.3 – Moyennes et écarts types pour $H_{2D} - H_{3D}$ mesurés le long des trois axes orthogonaux pour les 21 échantillons osseux.

Cette étude confirme que la relation définie ci-dessus dans le cas des fractals continus s'applique aux volumes osseux. Ainsi, nous avons mis en oeuvre une technique puissante pour la quantification de l'architecture trabéculaire osseuse à partir d'une simple projection. Cet outil pourrait se révéler d'une grande force pour le diagnostic précoce de l'ostéoporose. Ce résultat constitue une première étape dans l'établissement d'une relation entre les paramètres microarchitecturaux 3D pour l'os trabéculaire et ceux mesurés sur sa projection. Ce travail est détaillé dans le manuscrit soumis à une revue internationale et joint en annexe ??.

4.3 Individualisation et labellisation des travées d'un milieu poreux

L'étude des milieux poreux désordonnés nécessite la description de leur géométrie tridimensionnelle. Les techniques récentes d'imagerie permettent la reconstruction numérique

Individualisation et labellisation des travées d'un milieu poreux

3D de tels milieux à partir de quelques projections. Comme nous l'avons vu dans les sections précédentes, une projection du milieu 3D (la radiographie) peut renseigner sur la structure tridimensionnelle. Il est cependant nécessaire de comprendre la relation entre la géométrie 3D et le projeté 2D.

Un travail récent de L. Pothuaud montre que le squelette filaire (LSGA pour Line Skeleton Graph Analysis) est un outil puissant pour la caractérisation d'une structure 3D [51]. Cependant, comme l'algorithme proposé ne tient pas compte de la forme des éléments squelettisés, la géométrie du matériau étudié est parfois excessivement approximée. Dans cette section, je présente une nouvelle méthode pour la description des milieux poreux.

Développé au cours de la thèse de G. Aufort, cet algorithme améliore l'approche de L. Pothuaud, car il tient compte de la géométrie de chaque élément du matériau. Cette technique consiste en une squelettisation hybride combinant les techniques d'amincissement filaire et surfacique en fonction de la nature de l'élément traité. Les paramètres extraits du nouveau squelette donnent des informations morphologiques et topologiques de la structure étudiée.

Le modèle HSGA (Hybrid Skeleton Graph Analysis) que nous proposons pour la caractérisation d'un milieu poreux repose sur une squelettisation suivie d'une classification puis d'une individualisation de chaque élément plaque ou poutre qui compose l'objet. Enfin, le milieu original peut être segmenté à partir de son modèle HSGA afin d'être complètement décrit. Je vais présenter chacune de ces étapes.

4.3.1 Squelette hybride

Il existe diférentes approches de squelettisation qui peuvent être réparties en 2 groupes : les techniques de squelettisation filaires et les techniques de squelettisation surfaciques. Ces méthodes utilisant différentes approches d'amincissement, ne reflète pas l'allure exacte du milieu étudié. L'amincissement filaire ne préserve pas la géométrie des formes non cylindriques et l'amincissement surfacique n'érode pas assez afin d'obtenir des lignes pour la modélisation des poutres.

La technique hybride que nous proposons utilise les 2 méthodes filaire ou surfacique en fonction de la forme locale de l'objet étudié. Afin de choisir la bonne méthode de squelettisation, nous utilisons une technique de classification récente [52] qui permet de distinguer dans le matériau les éléments de type poutre et ceux de type plaque.

Pour se convaincre de l'utilité de la technique, la figure 4.5 montre un vecteur test composé de 11 poutres et 3 plaques, son squelette filaire ainsi que son squelette surfacique. Il est facile de se rendre compte que considérer séparément les 2 techniques de squelettisation ne respecte pas la géométrie de l'objet. Le squelette filaire érode les surfaces jusqu'à ce qu'elles deviennent des fils, alors que le squelette surfacique ne permet pas de représenter les éléments de type poutre par des fils. Par contre, la géométrie du squelette hybride correspond à la forme de l'objet original. Les poutres sont remplacées par des lignes d'épaisseur 1 et les plaques par des surfaces d'épaisseur 1. Cette technique fait l'objet d'un article soumis dans une revue internationale dont le manuscrit est joint en annexe **??**.

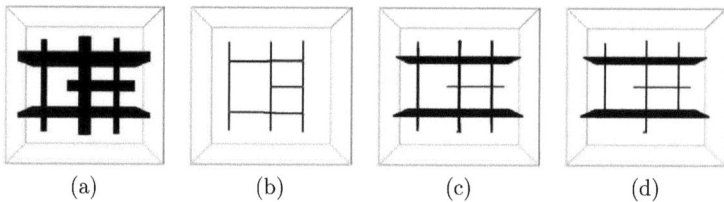

FIGURE 4.5 – Vecteur test (a), son squelette filaire (b), son squelette surfacique(c) et son squelette hybride (d).

4.3.2 Classification des voxels

Une fois le squelette hybride trouvé, la classification consiste à affecter à chaque voxel du squelette un identifiant en concordance avec son rôle dans la structure. Comme dans [52], 2 voxels de la phase solide sont voisins s'ils sont 26-connexes (i.e. ils partagent au moins un sommet). A l'opposé, 2 voxels de la phase pore sont voisins s'ils sont 6-connexes (i.e. ils partagent au moins une face). Nous avons défini 4 classes de voxels : "poutre", "plaque", "terminaison" et "nœud".

Après classification, le rôle de chaque voxel dans le squelette est déterminé. Cependant, les éléments de la structure ne peuvent être examinés un par un. L'individualisation des éléments du matériau étudié permet de rassembler dans une liste ou dans un graphe toutes les informations associées à chaque élément de la structure. Ce procédé est présenté dans le paragraphe suivant.

4.3.3 Individualisation de chaque élément de l'objet

Le modèle HSGA (Hybrid Skeleton Graph Analysis) correspond à une représentation à un plus haut niveau d'abstraction du milieu poreux. Il est basé sur une liste composée de poutres et de plaques extraites du squelette hybride. L'algorithme d'individualisation consiste à balayer le milieu poreux et à déterminer les frontières ("terminaison" ou "nœud") de chaque élément (plaque ou poutre). Une fois ses frontières repérées l'élément est enregistré dans le modèle HSGA. Voir la figure 4.6 pour un exemple.

A l'aide du modèle HSGA d'une structure, il est possible de connaître avec précision quels éléments sont reliés à chaque nœud et à chaque terminaison et réciproquement. Il est possible de mesurer la longueur, la surface et la direction de chaque élément. On peut aussi déterminer le nombre d'éléments, de nœuds, ou de terminaisons ainsi que la connectivité globale de la structure.

Individualisation et labellisation des travées d'un milieu poreux

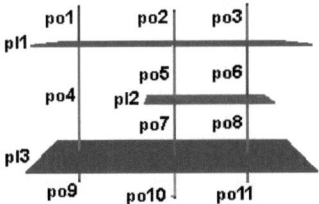

FIGURE 4.6 – Résultat de l'individualisation du squelette du vecteur test de la figure 4.5 (po : poutre, pl : plaque).

4.3.4 Segmentation du volume originel

Le modèle HSGA comporte beaucoup d'informations pouvant caractériser le milieu étudié. Ces données peuvent être complétées en segmentant le volume originel à l'aide de son squelette. Pour cela, un algorithme de croissance de région est implémenté et permet de recouvrir le volume de départ à partir de son squelette. Le résultat de cette opération est que chaque voxel de la phase solide de l'objet est associé à un élément du modèle HSGA (poutre ou plaque). La figure 4.7 illustre le résultat de cette segmentation. Chaque voxel de l'objet original est référencé dans le modèle.

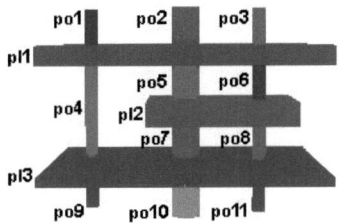

FIGURE 4.7 – Résultat de la segmentation par le modèle HSGA sur le vecteur test de la figure 4.5 (po : poutre, pl : plaque).

Cette étape de segmentation complète les informations du modèle HSGA. Ceci permet de mesurer des paramètres locaux tels que le volume, la section et l'épaisseur de chaque élément ainsi que l'espace entre 2 travées du milieu. Il est possible d'estimer les paramètres classiques tels que BV/TV, Tb.N, Tb.Th, Tb.Sp, etc. Des grandeurs globales telles que la proportion de plaque/poutre ou des mesures d'anisotropie peuvent aussi être calculées.

Enfin, il est possible avec précision de modifier la morphologie de chaque élément ou

Etude 3D de la microarchitecture trabéculaire osseuse

sous-structure de l'objet. Ceci peut aider à la définition d'autres modèles du milieu étudié. Dans le cas de l'os, cela peut servir à simuler des pathologies osseuses.

4.3.5 Application à l'os trabéculaire

Venons en maintenant au problème qui nous intéresse concernant l'application du squelette hybride et du modèle HSGA aux volumes trabéculaires osseux. Pour cela, nous avons utilisé 18 échantillons d'os post mortem acquis sur le micro-scanner de l'IPROS à une résolution de 12 μm. La série était composée de 9 échantillons coxarthriques (caractérisés par une hyperdensification des travées osseuses) et 9 échantillons ostéoporotiques (caractérisés par un amincissement et une rupture des travées osseuses) de taille numérique 400x400x400 voxels.

La figure 4.8 montre 2 échantillons où la phase solide (travées osseuses) est représentée en gris alors que la phase pore est transparente (espaces intertrabéculaires). Auparavant ces images ont été prétraitées (filtrage médian, binarisation et suppression des composantes non connectées à l'amas osseux principal). Le but de cette étude était de montrer les améliorations apportées par le modèle HSGA comparé au LSGA et identifier les paramètres permettant de séparer les 2 populations.

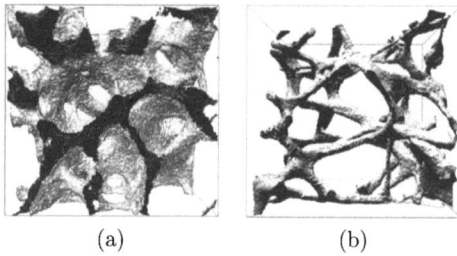

(a)   (b)

FIGURE 4.8 – Volumes trabéculaires osseux coxarthrique (a), ostéoporotique (b).

La figure 4.9 présente les modèles obtenus pour un volume trabéculaire osseux par les 2 techniques LSGA et HSGA. Dans le cas du HSGA, des structures de type "plaque" ont été trouvées.

Nous avons utilisé les 2 modèles pour chacun des 18 échantillons et mesuré un ensemble de paramètres, tels que BV/TV, Tb.N, Tb.Th et Conn.D. Nous avons aussi évalué sur les 2 modèles la densité du squelette, SV/TV (Squelette Volume/Total Volume) ainsi que le nombre de terminaisons, Le.N (Line ends Number). Finalement, nous estimons de nouveaux paramètres définis dans [53] et disponibles uniquement à partir du modèle HSGA tels que la proportion des plaques par rapport aux poutres (SL/TB, Slabs/Tubes) ainsi que l'épaisseur des plaques, Sl.Th (Slabs Thickness). Ce travail est décrit dans la communication [54] jointe en annexe ??.

Individualisation et labellisation des travées d'un milieu poreux

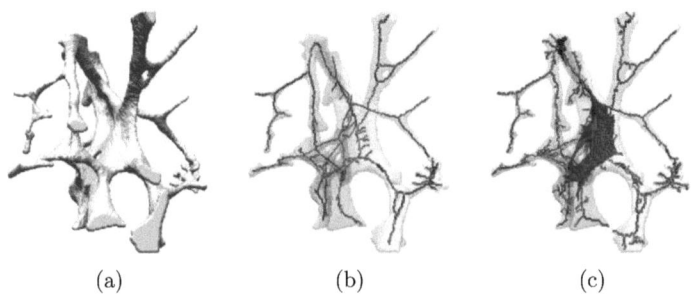

(a)   (b)   (c)

FIGURE 4.9 – Volume trabéculaire osseux (a), les modèles LSGA (b) et HSGA (c) superposés au volume originel. Les couleurs symbolisent les différents éléments trouvés.

Afin de déterminer le pouvoir discriminant de chacun des paramètres sur les 2 populations, un test de Student sur les moyennes à un niveau de signification de 1 % a été effectué. Le tableau 4.4 regroupe les valeurs de $|t|$ obtenues pour les 2 modèles LSGA et HSGA.

Paramètre	Valeurs de $|t|$ de Student	
	LSGA	HSGA
BV/TV	3.83	3.83
Conn.D (mm^{-3})	2.09	2.09
Tb.N	2.13	1.87
Tb.Th (mm)	3.53	2.95
SV/TV	2.58	2.99
Le.N	2.07	2.93
SL/TB	ID	1.72
Sl.Th	ID	3.37

TABLE 4.4 – Valeurs du test t de Student effectué pour comparer les 2 populations. Les valeurs non discriminantes ont un $|t| < 2.92$. (ID = Impossible à Déterminer)

On peut noter que les 2 modèles donnent les mêmes résultats concernant la densité et la connectivité, car dans les 2 cas tous les voxels sont considérés et les 2 squelettes conservent la topologie de l'objet étudié. Tb.Th est le paramètre le plus discriminant dans le cas du LSGA, mais il ne faut pas oublier qu'il s'agit de plaques modélisées par des poutres, ce qui est une approximation fausse. D'autres paramètres comme SV/TV et Le.N (indicateur des travées perforées) permettent de discriminer avec le modèle HSGA.

Le principal apport du modèle HSGA réside dans l'information apportée par l'épaisseur des plaques (Sl.Th). On voit qu'avec cet indicateur, il est possible de discriminer les 2 populations, le combiner à l'indicateur d'épaisseur des travées (Tb.Th) pourrait mener à des résultats bien meilleurs. Notre objectif est de faire une analyse discriminante type ACP (Analyse en Composantes Principales) afin de déterminer la meilleure combinaison des paramètres calculés pour séparer les 2 populations.

4.4 Etude biomécanique des volumes trabéculaires osseux

L'évaluation des propriétés mécaniques d'une structure est un enjeu important et intéressant dans l'étude des milieux poreux. En effet, il est facile de comprendre que dans le cas de l'os trabéculaire, les sollicitations mécaniques contribuent considérablement aux modifications de l'architecture osseuse.

Dans cette section, je présente une utilisation du modèle HSGA permettant de réduire sur des milieux poreux complexes le nombre d'éléments nécessaires pour la modélisation du matériau considéré par Eléments Finis (EF) [55].

Notre but ultime est d'évaluer précisément de manière virtuelle l'élasticité des objets étudiés afin de corréler les simulations numériques aux tests mécaniques expérimentaux. Ce travail est réalisé dans le cadre de la thèse de G. Aufort.

Dans un premier temps, je décrirai la modélisation classique par éléments finis (conversion voxel à éléments), ensuite je présenterai l'apport du modèle LSGA (modélisation par poutres) ensuite HSGA (modélisation par chaînes de poutres) dans la simplification de la modélisation par EF.

4.4.1 Modélisation par éléments finis : conversion voxel à éléments

La conversion de voxel à élément est le procédé le plus simple que l'on puisse utiliser pour transformer un objet 3D discret en un modèle à éléments finis. Il s'agit de transformer les voxels de la structure 3D étudiée en briques élémentaires à 8 noeuds. C'est également la technique la plus précise puisqu'il n'y a aucune perte d'information au niveau géométrique. Cependant, pour atteindre une précision satisfaisante, cette approche nécessite des images haute résolution. De plus, la conversion en éléments finis de ces images génère un très grand nombre d'éléments. La taille des modèles et le temps de calcul sont alors considérables. La figure 4.10 présente la conversion en EF d'un vecteur test.

4.4.2 Modélisation par poutres

Récemment Pothuaud *et. al* ont publié [56] une méthode basée sur le LSGA permettant de créer un modèle par éléments finis où chaque travée de la structure est représentée par une poutre rectiligne. Ceci à l'avantage de réduire de manière significative les temps de

Etude biomécanique des volumes trabéculaires osseux

calcul, mais s'est avéré non représentatif des propriétés mécaniques de la structure étudiée. La figure 4.10 montre un vecteur test ainsi que sa représentation en modèle poutre.

4.4.3 Modélisation par chaîne de poutres

La nouvelle approche que nous proposons [57] consiste à représenter chaque travée du squelette 3D par une chaîne de poutres qui s'adapte à la géométrie de sa structure. La précision géométrique de la courbure est alors affinée à mesure que l'on augmente le nombre de découpes permettant d'introduire plus de poutres élémentaires. Ainsi, les travées sont schématisées par des chaînes de poutres. La figure 4.10 permet de voir l'apport de cette technique sur un vecteur test. Cette technique réduit considérablement les temps de calcul et les ressources nécessaires par EF tout en préservant les propriétés topologiques et géométriques de l'objet étudié. Cette étape d'optimisation permet non seulement de prendre en compte la courbure des poutres non rectilignes mais aussi de tenir compte de chemins multiples qui peuvent exister entre deux nœuds de la structure, ce que la technique [56] ne pouvait pas distinguer.

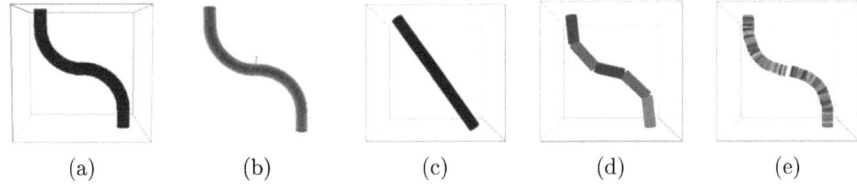

(a) (b) (c) (d) (e)

FIGURE 4.10 – Vecteur test (a), son modèle équivalent voxel à éléments (b), son modèle poutre (c), son modèle chaîne de poutres grossière (d) puis chaîne de poutres fine (e).

4.4.4 Comparaison des différentes techniques de modélisation

Les différents procédés de modélisation présentés ci-dessus ont été utilisés pour étudier le comportement mécanique de structures 3D. Pour les simulations mécaniques, avec nos collègues du LMSP (A. Gasser et D. Soulat), nous avons utilisé un logiciel d'éléments finis, *Abaqus*. Ainsi, en appliquant un faible déplacement en compression dans une direction donnée, il est possible de déterminer la rigidité de chaque modèle numérique. Pour les formes simples de test nous avons également comparé ces résultats à une valeur de rigidité de référence obtenue directement à partir du modèle CAO (Conception Assistée par Ordinateur). Les différents modèles présentés ont aussi été utilisés sur la microarchitecture trabéculaire osseuse afin d'en évaluer l'apport. Le tableau 4.5 regroupe les résultats trouvés.

Ces résultats montrent que la modélisation par poutres rectilignes ou chaînes de poutres nécessite beaucoup moins d'éléments finis que la conversion voxel à élément, ce

Etude 3D de la microarchitecture trabéculaire osseuse

	Paramètres	Ref-A	VE-HR	VE-FR	CPF	CPG	PTR
↘	Rigidité en N/mm	101.24	106.89	130.63	94.49	127.21	189.18
	Nb. de noeuds	31978	188040	5802	238	16	8
○	Rigidité en N/mm	1.69	1.65	3.09	1.69	2.03	6.16
	Nb. de noeuds	27553	99414	3099	128	6	2
▓	Rigidité en N/mm	ID	ID	ID	60.16	91.11	101.96
	Nb. de noeuds	ID	ID	ID	5716	521	412

TABLE 4.5 – Valeurs de rigidité et nombre de noeuds obtenus lors des tests en compression mécanique sur vecteurs tests et échantillon osseux. **Ref-A** = Référence Abaqus, **VE-HR** = Voxel à Elément-Haute Résolution, **VE-FR** = Voxel à Elément-Faible Résolution, **CPF** = Chaîne de Poutres Fines, **CPG** = Chaîne de Poutres Grossières, **PTR** = PouTres Rectilignes, (ID = Impossible à Déterminer).

qui réduit considérablement les temps de calcul (de quelques heures à quelques dizaines de secondes). Le modèle à chaîne de poutres converge plus rapidement vers le modèle à conversion directe que le modèle à poutre rectiligne. Plus le découpage en chaîne de poutres est fin plus la valeur de rigidité obtenue se rapproche de celle obtenue pour la forme de référence réalisée en CAO. Ceci est également vrai lorsqu'on compare le modèle chaîne de poutres fines au modèle voxel à éléments.

4.5 Bilan

Nous avons introduit une nouvelle méthode pour la caractérisation de milieux poreux désordonné. Cette technique basée sur le squelette hybride et le modèle HSGA qui en découle permet une mesure précise des paramètres morphologiques et topologiques de la structure étudiée.

Le modèle simplifié et introduit par Pothuaud en 2004 consistant à remplacer les éléments du milieu par des poutres rectilignes est intéressant mais reste très approximatif. Nous l'avons amélioré par la technique des poutres curvilignes qui représente mieux la géométrie du milieu étudié. Ceci peut être appliqué à l'analyse mécanique par éléments finis (EF) qui permet d'évaluer les propriétés élastiques d'un milieu poreux tel que l'os trabéculaire. Cette approche permet de réduire considérablement le temps de calcul par rapport aux techniques EF classiques.

Au jour d'aujourd'hui, l'approche que nous proposons ne tient pas compte des éléments de type plaques contenues dans la structure étudiée. Cette information est disponible dans le modèle HSGA. Actuellement, G. Aufort travaille sur la mise en place d'un protocole d'export des données du modèle HSGA pour analyse par EF en combinant les éléments finis de type poutre et ceux de type coque. La difficulté réside dans la triangulation des plaques osseuses qui se replient sur elles mêmes. Les techniques de triangulation existantes sont difficilement implantables pour de telles formes. Nous avons développé une méthode de triangulation spécifique à cette problématique de surfaces désordonnées dans un espace

3D. Ce travail est inspiré du principe des Marching Cubes" [58]. Ainsi, la surface peut être définie par un ensemble de triangles.

Chapitre 5

Perspectives de Recherche

Ce chapitre donne dans ses grandes lignes les perspectives de mes recherches dans un futur proche.

Mon effort se portera dans la continuité de ce que j'ai commencé au LESI, autour de la caractérisation des milieux poreux avec une application à l'os trabéculaire dans le but d'un diagnostic précoce de l'ostéoporose. Les paragraphes qui suivent résument les réflexions que j'ai menées jusqu'alors pour apporter des solutions aux problèmes exposés. Les collaborations envisagées en recherche et en transfert de technologies y sont aussi exposées.

5.1 Modélisation fractale de textures

5.1.1 Tests d'adéquation données-modèles

Lors de l'utilisation d'un modèle, il convient de s'assurer des propriétés des données que l'on souhaite étudier. Pour ce qui est du modèle mbf, nous avons proposé une méthode [9] qui repose sur les conditions nécessaires et suffisantes imposées à un signal pour être un mbf. Cette technique est limitée car elle permet de tester de manière relative (test de normalité sur les ddp marginales et test de stationnarité et d'autosimilarité pour un incrément m fixé à priori) et non absolue l'adéquation du modèle aux données. En plus, elle n'est applicable que de manière ensembliste et non pour des réalisations uniques du processus étudié. Enfin, l'extension de cette méthode pour des radiographies d'os n'est pas envisageable.

J. M. Bardet a développé dans le cas 1D un test d'autosimilarité [15] pour une série d'observations provenant d'un processus gaussien à accroissements stationnaires. Ce test repose sur l'estimation d'une distance entre le processus considéré et le processus contenant le mouvement brownien fractionnaire. La mesure de cette distance est basée sur la variance des accroissements du processus et d'une double estimation du paramètre d'autosimilarité par des méthodes de régression. Ce test utilisable sur une observation du processus peut

Perspectives de Recherche

être utilisé en 2D sur une radiographie osseuse. Son extension au cas 2D semble donc intéressante. Ce travail pourrait être confié dans le cadre d'un Master recherche à un étudiant à dominante mathématique afin de s'assurer de sa mise en œuvre théorique. L'implémentation de ce test en 2D ne devrait pas poser de problèmes.

5.1.2 Synthèse-analyse de traces type mbf

Si dans le cas 1D, on trouve des réponses concernant la synthèse exacte de traces type mbf et leur analyse, pour les dimensions supérieures à 1 le problème semble compliqué. De telles simulations sont pourtant nécessaires pour la compréhension des phénomènes observés lors d'utilisation des méthodes d'analyse. Ces difficultés pour les dimensions supérieures ouvrent le champ à beaucoup de perspectives tant dans le cas isotrope que dans le cas anisotrope.

M. Stein a proposé une méthode qui permet d'obtenir des traces mbf 2D exactes. L'extension de cette technique pour les dimensions supérieures reste à finaliser.

Pour ce qui est de l'analyse, les apports du maximum de vraisemblance dans le domaine spectral (estimateur de Whittle) sont significatifs et permettent tant du côté simplicité d'implémentation que du côté ressources machine de répondre à toute une catégorie de problèmes. Les performances de cet estimateur peuvent être comparées à celles d'autres méthodes en 2D ou 3D telles que :

- la méthode de la variance [4],
- la méthode d'Istass et Lang [59],
- la méthode des ondelettes [6].

Ces estimateurs peuvent être comparés en termes de biais et de variance sur des ensembles de traces exactes type mbf de différentes tailles pour différentes valeurs de H. Ce travail peut faire l'objet d'un stage de Master Recherche.

5.1.3 Extensions du mouvement brownien fractionnaire

Concernant l'utilisation du modèle mbf pour l'analyse des radiographies osseuses une certaine réflexion est nécessaire quand à la validité du modèle. Le mbf doit être considéré comme un modèle global permettant de décrire un signal par un seul paramètre, H. Cela peut s'avérer extrêmement probant et utile pour la description de certaines structures. Cependant, il est évident que ce raccourci est excessivement restrictif pour de nombreuses données. Les sections suivantes décrivent des modèles plus généraux qui peuvent englober des phénomènes présentant un caractère fractal différent de celui du mbf.

a   Modèle fractal par morceaux

L'objectif de ce paragraphe est de proposer un modèle plus général que le mbf de paramètre H qui rende compte d'un caractère fractal par morceaux lors d'une analyse en fréquence. Ce nouveau modèle est appelé pfBm (Piecewise fractional Brownian motion) de paramètres Ho en basse fréquence, Hi en haute fréquence, ces deux régimes étant séparés par une fréquence de coupure γ. Pour Ho = Hi = H, le pfBm se réduit au mbf. Les propriétés de ce modèle sont complètement décrites dans la publication [60] jointe en annexe ??. En particulier, nous avons montré que ce processus a des incréments stationnaires et qu'il est autosimilaire de paramètre Ho pour les basses fréquences et de paramètre Hi pour les hautes fréquences. Des réalisations de ce processus peuvent être obtenues par transformée de Fourier inverse qui permet d'intégrer facilement les différents comportements en fréquence. Pour les grandes échelles, le paramètre Ho gouverne le processus et pour les petites échelles, c'est le paramètre Hi.

Ce modèle offre de nouvelles possibilités pour la description des signaux et permet l'étude d'une famille plus large de comportements non pris en compte par les modèles classiques du mbf et du bgf.

Des radiographies trabéculaires osseuses présentant ce caractère bifractal devraient être étudiées à l'aide du modèle pfBm. Ainsi, on pourra juger de l'apport de l'analyse fractale par morceaux pour diagnostiquer les modifications de la microarchitecture osseuse liées à l'ostéoporose.

Enfin, le pfBm peut directement être généralisé à des dimensions plus élevées à partir de sa définition.

Comme travaux futurs, il reste aussi à définir des méthodes de synthèse exactes et des estimateurs pour les paramètres Ho, Hi et γ. Concernant la synthèse de réalisations type pfBm, l'application de l'algorithme MMC (Méthode de la Matrice Circulante) décrit dans [14] n'est pas directe.

b Modèle fractal binaire (micro-bulles)

Les limites du modèle mbf concernant son application à l'os trabéculaire nous ont conduit à imaginer des modèles fractals ou non fractals, ayant les mêmes caractéristiques que la microarchitecture trabéculaire. Des discussions avec nos collègues du MAPMO (Mathématiques et Applications, Physique Mathématique d'Orléans) est née l'idée de mettre en place un modèle à base de "micro bulles". Ce modèle développé par Biermé et Estrade permet de caractériser des milieux poreux par des champs non gaussiens. Pour cela, il faut considérer un volume plein dans $\Re^d$ dans lequel on creuse de petites bulles $B(\xi, r)$, dont les centres et rayons sont donnés par un processus de Poisson ponctuel, avec une intensité en loi de puissance du rayon :

$$V_H(d\xi, dr) = r^{-d-1+2H} 1_{(0,1)}(r) \, d\xi dr, \tag{5.1}$$

H est une constante entre 0 et 1.

Ce modèle est isotrope et stationnaire. La déformation de l'intensité de façon anisotrope en remplaçant la puissance H par une fonction homogène de degré 0 sur $\Re^d$ du processus de Poisson ponctuel permet de généraliser le modèle au cas anisotrope. Cette déformation engendre un modèle qui n'est plus stationnaire ni même à accroissements stationnaires. Les figures 5.1 et 5.2 présentent respectivement des réalisations 2D et 3D isotropes obtenues pour différentes valeurs de H.

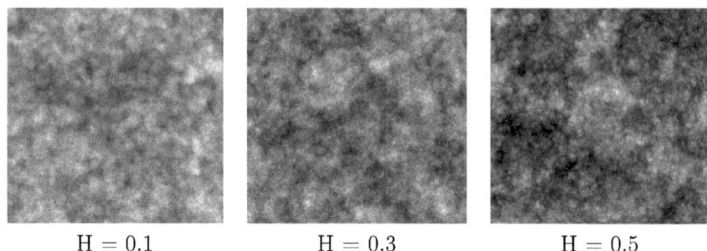

H = 0.1   H = 0.3   H = 0.5

FIGURE 5.1 – 3 réalisations 2D obtenues à partir du modèle "micro bulles".

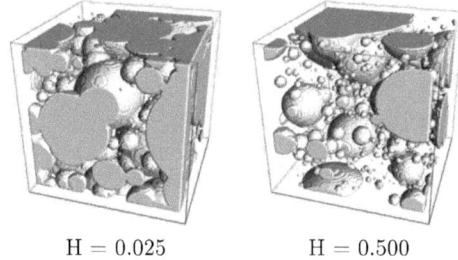

H = 0.025   H = 0.500

FIGURE 5.2 – 2 réalisations 3D obtenues à partir du modèle "micro-bulles".

On observe que la texture de ces images varie avec H et qu'elles sont d'autant plus fines que H est élevé.

Le modèle fractal binaire basé sur les "micro bulles" ouvre de nouvelles perspectives pour la caractérisation de données. Il serait intéressant de calculer des projections X-ray [61] à fenêtre (qui est associé au procédé de radiographie) de réalisations obtenues par ce processus, puis de retrouver les résultats concernant l'autosimilarité. En particulier, il faudrait chercher des liens entre des paramètres 3D, comme la dimension de boîte ou l'indice d'autosimilarité, et la puissance qui entre en jeu dans la loi des rayons. Si ce modèle est plus adapté aux données de la microarchitecture osseuse, la définition d'estimateurs adéquats permettra sans doute une avancée considérable dans la caractérisation des radiographies osseuses.

Dans la thèse de H. Biermé [61], des liens ont été trouvés pour un modèle différent, mais de la même famille que le précédent, appelé "micro boules". Ce modèle est construit à partir d'un volume vide où l'on accumule des boules. Le champ obtenu par transformée X-ray de ce modèle admet des paramètres d'autosimilarité asymptotique locale en loi

Caractérisation 3D d'un milieu poreux

et au second ordre qui coïncident. En plus, ces grandeurs sont reliées avec le paramètre d'autosimilarité au second ordre initial par un facteur $+\frac{1}{2}$, comme dans le cas gaussien. Ces résultats, laissent penser que des conclusions similaires sont envisageables pour les "micro bulles". Dans un premier temps, nous cherchons à valider ces relations par l'expérimentation. Des réalisations 3D de "micro boules" sont présentées sur la figure 5.3 pour différentes valeurs de H.

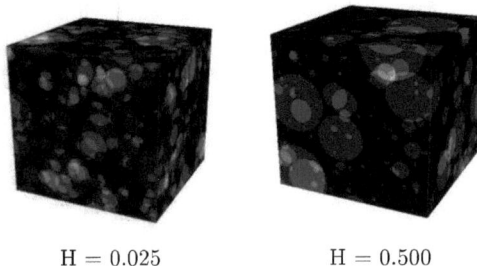

H = 0.025   H = 0.500

FIGURE 5.3 – 2 réalisations 3D obtenues à partir du modèle "micro-boules".

Les études concernant le modèle pfBm ainsi que le modèle fractal "micro bulles" peuvent être poursuivis dans un travail de thèse dont le titre serait "Nouveaux modèles fractals pour les milieux poreux. Application à la texture trabéculaire osseuse". A cette thèse peuvent être associées les études concernant la synthèse et l'analyse nD de traces exactes de type mbf. L'élaboration de techniques concernant l'anisotropie fractale et sa mise en évidence telles que la MMD (Méthode des Moyennes Directionnelles), l'AFO (Analyse Fractale Orientée) devraient aussi faire partie de ces travaux en vue de leur amélioration et validation par l'expérimentation.

5.2 Caractérisation 3D d'un milieu poreux

L. Pothuaud fut un des premiers à proposer une technique (LSGA) permettant de décrire la géométrie tridimensionnelle d'un milieu poreux désordonné tel l'os trabéculaire. Ce procédé puissant comporte toutefois quelques limites et restrictions quant à sa précision géométrique. Le modèle HSGA développé dans le cadre de la thèse de G. Aufort améliore la description morphologique et topologique de milieux tridimensionnels poreux. L'apport essentiel réside dans l'étape de squelettisation élaborée qui permet de distinguer dans le matériau étudié les éléments de type poutre et ceux de type plaque. La segmentation du milieu originel permet de compléter le modèle avec des informations volumétriques. Mon objectif est de valoriser ces travaux, tant du point de vue théorique et applicatif que du point de vue transfert de technologie.

Du point de vue théorique, nous cherchons à proposer un moyen qui permettrait à partir de l'estimation de paramètres 2D sur une projection ou une coupe du milieu étudié

Perspectives de Recherche

de recouvrer les caractéristiques de la structure 3D. Des résultats ont déjà été prouvés lorsque l'on s'intéresse à l'autosimilarité d'un milieu fractal. Nous souhaitons que des renseignements identiques puissent être trouvés dans le cas des paramètres morphologiques et pourquoi pas topologiques, hypothèse qui paraît à l'heure actuelle très complexe.

Dans le cadre de la thèse de G. Aufort, nous nous sommes attelés à la mise en place d'un outil de caractérisation 3D. La même démarche peut être accomplie dans le cas 2D (coupes ou projections). Des études permettant d'établir des liens entre les jeux de paramètres 2D et 3D pourront être menées. Les discussions avec nos collègues mathématiciens permettront de fournir à notre concept et aux observations réalisées des bases théoriques.

D'autres paramètres peuvent être évalués à partir du modèle HSGA. On peut s'intéresser aux pourcentages des travées orientées dans une direction choisie et étudier ainsi en fonction des sites osseux (calcanéum, radius, etc) et en fonction des populations (malades, témoins), la répartition des travées osseuses dans l'espace. On peut aussi s'intéresser aux rayons de courbure des travées et des plaques osseuses, comme précédemment en fonction des sites osseux et des populations étudiées. S. Akkoul, en stage de Master, effectuera une bibliographie à ce sujet et implémentera les techniques existantes pour comparaison sur différents modèles de milieux poreux.

D'autres idées me semblent intéressantes à étudier pour la caractérisation de la texture osseuse. La densité de connectivité (Conn.D) est un paramètre qui naturellement semble être représentatif de la rigidité osseuse. L'estimation de celui-ci est basée sur des relations de voisinage entre les voxels. Pour cela, on utilise généralement la 26-connexité (*i.e.* les voxels considérés partagent au moins un sommet). A notre connaissance, aucun lien n'a été trouvé entre la rigidité osseuse, les paramètres d'architecture et la densité de connectivité. Cette question mérite réflexion et peut être abordée à l'aide de vecteurs tests. Des simulations numériques virtuellement compressées pourraient permettre d'avancer sur ce sujet.

5.3 Etude biomécanique d'un milieu poreux

Dans l'optique de corréler les compressions virtuelles réalisées sur des données numériques aux vraies courbes contrainte-déformation obtenues sur des données réelles, plusieurs points restent à développer.

5.3.1 Export des données du modèle HSGA pour analyse par EF

En premier lieu, il convient d'améliorer le protocole d'export des données du modèle HSGA au format des logiciels d'analyse par éléments finis. Ainsi, les informations relatives aux poutres et aux plaques seront plus précises et donneront de meilleurs résultats avec moins de données et des ressources machines moindres. Il sera possible de valider l'apport du modèle HSGA en précision et rapidité comparé aux deux techniques classique : conversion voxel à éléments et LSGA.

Etude biomécanique d'un milieu poreux

La difficulté réside dans la triangulation 2D des éléments de type plaques dans un espace 3D. En effet, les surfaces 2D sont désordonnées et peuvent se replier sur elles mêmes rendant le problème un peu plus compliqué. Nous avons développé un procédé de triangulation basé sur le principe des "marchings cubes", permettant une transformation directe des plaques en éléments finis de type coques triangulaires. Chaque coque est définie par une surface et une épaisseur moyenne.

Les techniques existantes telles que la triangulation de Delaunay ne sont pas adaptées à notre problématique. Nous envisageons de recruter un étudiant en stage de Master afin d'étendre des techniques de type Delaunay à notre problématique.

5.3.2 Module d'élasticité virtuel versus réel

L'objectif de ce travail est de corréler les modules d'élasticité obtenus sur les données numériques aux vrais modules calculés directement sur les données réelles. Actuellement l'IPROS mène une campagne d'acquisition d'échantillons osseux qui sont numérisés à haute résolution à l'aide d'un micro scanner. Les données numériques seront modélisées à l'aide du modèle HSGA et les résultats seront exportés vers le logiciel d'analyse par éléments finis, *Abaqus*. Ensuite, les échantillons réels subiront des essais mécaniques afin de relever les vraies courbes d'élasticité (contrainte-déformation ou force-déplacement). Enfin, la comparaison des modules virtuel et réel permettra d'estimer la robustesse de notre technique.

Les résultats de cette étude sont très importants pour la suite de notre approche de caractérisation de l'os trabéculaire. En effet, des échantillons osseux (généralement post-mortem) de différentes natures (pathologiques ou non) sont difficiles à obtenir. L'utilisation, d'une part, de modèles numériques pour la génération de volumes trabéculaires osseux [62], d'autre part, de l'imagerie médicale pour la simulation du remodelage osseux, permettront sans doute de disposer d'une banque de données osseuses considérable. Ces données pourront être compressées virtuellement grâce au modèle HSGA et au protocole mis en place pour l'analyse par éléments finis. Il sera ensuite possible d'obtenir des paramètres concernant la rigidité osseuse dépendant des pathologies et du remodelage osseux.

5.3.3 Caractérisation 4D de l'os trabéculaire

Plusieurs études démontrent que le mécanisme physiologique du remodelage dépend des contraintes mécaniques exercées sur l'os [63]. A ce sujet, une thèse vient de débuter à l'IPROS (C. Caron) concernant l'étude de la microarchitecture osseuse au cours du temps et sous l'effet du remodelage osseux.

D'après les connaissances actuelles, les ostéocytes, qui sont des cellules enfermées dans la matrice osseuse, jouent un rôle dans la détection de ces contraintes. Les ostéocytes permettent ensuite le recrutement des ostéoclastes et des ostéoblastes qui permettent la résorption et la formation de l'os. Ce sont ces interactions et leurs effets sur la structure osseuse qui sont à modéliser. Ces travaux s'inspirent des simulations qui caractérisent les contraintes mécaniques appliquées à l'os par éléments finis [64][65][66].

Cette thèse concerne plus particulièrement la simulation des modifications du remodelage induites par le vieillissement, la ménopause, les carences, l'immobilisation, l'ostéoporose et ses traitements. Il s'agit donc de proposer un protocole permettant de définir plusieurs modèles osseux avec différentes pathologies osseuses. Ce protocole devra tenir compte des qualités mécaniques de la structure étudiée.

Au LESI, nous avons acquis un savoir faire concernant les techniques de squelettisation. Le squelette des distances ou "axe médian" [67] réversible et la carte de distances ou celle d'épaisseurs fournissent des informations qui peuvent contribuer à la modélisation du remodelage osseux. Ces points sont fréquemment discutés avec nos collègues de l'IPROS, ce qui donne lieu à des échanges intéressants. La figure 5.4 présente un volume trabéculaire osseux ainsi que sa carte de distances, une coupe de cette dernière et sa carte d'épaisseurs.

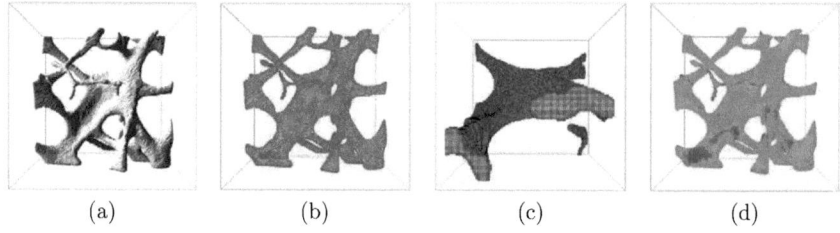

(a)　　　　　　(b)　　　　　　(c)　　　　　　(d)

FIGURE 5.4 – Volume trabéculaire osseux (a), sa carte des distances (b), une coupe de la carte des distances (c) et la carte d'épaisseurs (d).

Ces techniques, combinées au protocole que nous avons mis en place en vue de compressions mécaniques virtuelles et analyse par EF, peuvent aboutir à un procédé simplifié et rapide pour la simulation du remodelage osseux.

5.4 Collaborations

Nous avons engagé des discussions avec O. Rosenbaum et son équipe de l'ISTO (Institut des Sciences de la Terre d'Orléans). Leurs travaux de recherche concernent la compréhension des phénomènes d'altération des matériaux de bâti en pierre de calcaire [68][69]. Il s'agit de comprendre, modéliser et simuler les phénomènes physiques responsables de l'altération des pierres utilisées pour la construction d'œuvres publiques ou privées. Ceci permettra à terme d'optimiser les moyens préventifs et curatifs. Etudier ces phénomènes d'altération nécessite de connaître précisément la texture et la morphologie du milieu poreux étudié. Jusqu'à présent, les études ont porté sur l'analyse à partir de coupes 2D. Cependant, ces méthodes ne permettent pas de rendre compte de la géométrie 3D et par conséquent de la topologie du réseau de pores qui est déterminante si l'on s'intéresse aux transferts de fluides et de sels.

L'objectif est d'analyser la géométrie 3D du réseau poreux par tomographie X avec une résolution inférieure au micromètre ce qui nécessite des images obtenues par rayonnement synchrotron (ESRF par exemple). L'analyse portera sur des échantillons sains provenant de carrières ainsi que sur des pierres altérées (tuffeau de Touraine, grès de Fontainebleau par exemple).

Les chercheurs de l'ISTO sont intéressés par l'outil que nous avons mis en place. Une collaboration a été amorcée. Les images sont d'ores et déjà disponibles. Elles nécessitent cependant une segmentation appropriée afin d'isoler le composant à étudier. Un post-doc a été recruté à l'ISTO pour la mise en place des méthodes adéquates de segmentation.

Nous avons aussi pris contact avec W. B. Lindquist de l'Université de Stony Brook (Etats-Unis) dont les récents travaux de recherche [70] concernent le développement d'outils pour la caractérisation géométrique 2D et 3D de milieux biphasiques comme la pierre de Fontainebleau, le sable de Berea et les carbonates. La figure 5.5 présente le résultat de notre squelette hybride sur une image de sable de Fontainebleau fournie par W. B. Lindquist.

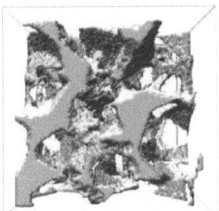 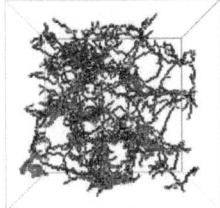

FIGURE 5.5 – Volume 3D (sable de Fontainebleau) et son squelette hybride.

Nous sommes en train d'étudier la possibilité d'envoyer G. Aufort durant l'été 2006 pour une visite au laboratoire de Statistiques et Mathématiques Appliquées de l'Université de Stony Brook.

5.5 Transfert de technologie

La société D3A Medical Systems a rejoint notre groupe de recherche orléanais pour la valorisation d'un prototype de radiographie haute résolution (images numériques de 50 μm) utilisant la méthode d'analyse fractale que nous avons développée au laboratoire. Il s'agit d'assurer l'industrialisation de cet appareil qui aidera au diagnostic de l'ostéoporose par la mesure de la dimension fractale de radiographies osseuses du calcanéum. Cela donne lieu à des contrats de recherche. Le prototype industriel est disponible (figure 5.6) et la machine définitive est prête pour une commercialisation courant 2006.

D'un point de vue transfert de technologie, les potentialités qu'offre le modèle HSGA lui confèrent une place dans tout système d'investigation non invasive de la microstructure

Perspectives de Recherche

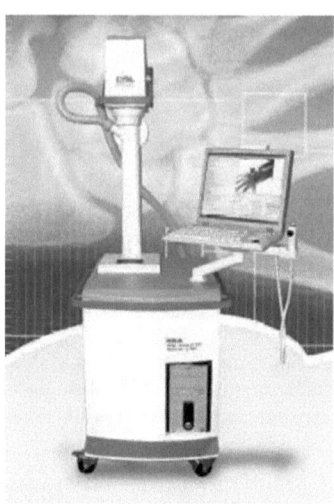

FIGURE 5.6 – Prototype de radiographie haute résolution développé par D3A Medical Systems.

d'un objet 3D. L'outil que nous avons développé dans le cadre de la thèse de G. Aufort correspond au type d'application permettant de compléter les mesures pratiquées en routine par les fabricants de tels systèmes. Les paramètres morphologiques et topologiques estimés habituellement peuvent être complétés par des estimations locales et précises relatives aux travées du milieu étudié.

L'outil que nous avons mis en place peut intéresser tout fabricant de microtomographes (MicroCT Systems) et prestataire de services pour l'acquisition et l'analyse de données trabéculaires osseuses comme SCANCO Medical ou SkyScan.

J'ai récemment contacté R. Müller de l'Institut de technique biomédicale de Zurich (Suisse) où les prototypes des appareils commercialisés par SCANCO Medical ont été fabriqués. Une collaboration a été amorcée. Nous allons bientôt disposer de volumes trabéculaires osseux acquis à l'aide d'un microtomographe (SCANCO). Pour ces données le Pr. Müller dispose des modules d'élasticité réels. Ces données seront analysées à l'aide du modèle HSGA et les résultats seront comparés pour en déduire la robustesse de notre approche.

5.6 Conclusion

En conclusion, je dirais que les travaux relatifs à la caractérisation de la microarchitecture trabéculaire à partir de radiographies osseuses m'ont permis de côtoyer différentes

Conclusion

dimensions du traitement du signal et de l'image. Ces recherches entamées lors de mon stage de DEA, il y a une quinzaine d'années maintenant, ont débuté par une analyse 1D de lignes extraites d'images. Ensuite, des méthodes 2D ont été implémentées pour analyser les images. De plus, suite aux développements des systèmes d'acquisition 3D, nous avons développé des techniques adéquates. Enfin, la modélisation des modifications architecturales, dues à l'âge ou aux sollicitations mécaniques, me permettra de côtoyer la 4eme dimension de l'os. Mon souhait est qu'une ligne extraite d'une radiographie ou d'une coupe permette de fournir des indices 1D, 2D, 3D et pourquoi pas 4D. J'espère que ces techniques pourront être généralisées à tout milieux poreux.

Perspectives de Recherche

Bibliographie

[1] T. Lundahl, W. J. Ohley, S. M. Kay, and R. Siffert. Fractional brownian motion : A maximum likelihood estimator and its application to image texture. *IEEE Transactions on Medical Imaging*, MI-5(3) :152–161, September 1986.

[2] G. Jacquet, W. J. Ohley, M. Mont, R. Siffert, and R. Schmuckler. Measurement of bone structure by use of fractal dimension. In *Proceedings of the 12th Conference of the IEEE Engineering in Medicine and Biology Society*, pages 1402–1403, 1990.

[3] B. B. Mandelbrot and J. W. Van Ness. Fractional brownian motion, fractional noises and applications. *SIAM*, 10(4) :422–438, 1968.

[4] A. P. Pentland. Fractal-based description of naturel scenes. *IEEE transactions On Pattern analysis and Machine Intelligence*, 6(3) :661–674, Nov.1984.

[5] B. B. Mandelbrot. *The Fractal Geometry of Nature*. Freeman, San Francisco, 1982.

[6] P. Flandrin. Wavelets analysis and synthesis of fractional brownian motions. *IEEE Trans. Information Theory*, 38(2) :910–917, 1992.

[7] M.S. Taqqu, V. Teverovsky, and W. Willinger. Estimators for long range dependance : an empirical study. *Fractals*, 3 :785–788, 1995.

[8] M.F. Barnsley, R.L. Devaney, B.B. Mandelbrot, H.-O. Peitgen, D. Saue, , and R.F. Voss. *The science of fractal images*. Springer-Verlag, 1988.

[9] R. Jennane, R. Harba, and G. Jacquet. Estimation de la qualité des méthodes de synthèse du mouvement brownien fractionnaire. *Traitement du Signal*, 13 :289–302, 1996.

[10] A. I. Mcleod and K. W. Hipel. Preservation of the rescaled adjusted range : A reassessment of the hurst phenomenon. *Water Resources Research*, 14(3) :491–508, June 1978.

[11] A.T.A. Wood and G. Chan. Simulation of stationary gaussian process in $[0,1]^d$. *Journal of Computational and Graphical Statistics*, 3 :409–432, 1994.

[12] C. R. Dietrich and G. N. Newsam. Fast and exact simulation of stationary gaussian processes through circulant embedding of the covariance matrix. *SIAM J. Sci. Comput.*, 18 :1088–1107, 1997.

[13] E. Perrin, R. Harba, R. Jennane, and I. Iribarren. Synthèse exacte et efficace du mouvement brownien fractionnaire 1D. In *GRETSI 2001*, pages 95–98, Toulouse, September 2001.

BIBLIOGRAPHIE

[14] E. Perrin, R. Harba, R. Jennane, and I. Iribarren. Fast and exact synthesis for 1D fractional brownian motion and fractional gaussian noises. *IEEE Signal Processing letters*, 9(11) :382–384, 2002.

[15] J. M. Bardet. Testing for the presence of self-similarity of gaussian time series having stationary increments. *J. of Time Series Anal.*, 21 :497–516, 2000.

[16] R. Dahlhaus. Efficient parameter estimation for self-similar processes. *The Annals of Statistics*, 17(4) :1749–1766, 1989.

[17] R. Jennane, R. Harba, and G. Jacquet. Méthodes d'analyse du mouvement brownien fractionnaire : théorie et résultats comparatifs. *Traitement du Signal*, 18(5-6) :419–436, 2002.

[18] P. Whittle. Estimation and information in stationary time series. *Ark. Mat.*, 2 :423–434, 1953.

[19] J. Beran. *Statistics for Long-Memory Processes*. Chapman and Hall, 1994.

[20] A. Fournier, D. Fusselle, and L. Carpenter. Computer rendering of stochastic models. *ITBM*, 20(4) :207–219, 1999.

[21] S. Hoefer, H. Hannachi, M. Pandit, and R. Kumaresan. Isotropic two-dimensional fractional brownian motion and its application in ultrasonic analysis. In *14th Conference of the IEEE Engineering in Medicine and Biology Society*, pages 1267–1269, Paris, September 1992.

[22] M. Kaplan and C. C. Kuo. An improved method for 2-d self-similar image synthesis. *IEEE Trans. on Image Processing*, 5(5) :754–761, 1996.

[23] M. L. Stein. Fast and exact simulation of fractional brownian surfaces. *Journal of Computational and Graphical Statistics*, 11(3) :587–599, 2002.

[24] R. Harba, R. Jennane, G. Jacquet, and C. L. Benhamou. Bone texture radiograph characterization by fractal analysis. *Innovation and Technology in Biology and Medicine*, 20(4) :207–219, 1999.

[25] S. Reed, P . C. Lee, and T. K. Truong. Spectral representation of fractional brownian motion in n dimensions and its properties. *IEEE Trans. on Inf. Theory*, 41(5) :1439–1451, 1995.

[26] A. Bonami and A. Estrade. Anisotropic analysis of some gaussian models. *The Journal of Fourier Analysis and Applications*, 9 :215–236, 2003.

[27] S. Davies and P. Hall. Fractal analysis of surface roughness by using spatial data. *J. R. Stat. Soc.*, 61(Part 1) :3–37, 1999.

[28] T. Loussot, R. Harba, G. Jacquet, C. L. Benhamou, E. Lespessailles, and A. Jullien. An oriented fractal analysis for the characterisation of texture. application to bone radiographs. In *EUSIPCO 1996*, pages 371–374, Trieste, Italy, September 1996.

[29] R. Jennane, R. Harba, E. Perrin, A. Bonami, and A. Estrade. Analyse de champs browniens fractionnaires anisotropes. In *GRETSI 2001*, pages 99–102, Toulouse, September 2001.

[30] R. Jennane. *Modélisation fractale de textures : application à l'analyse de l'architecture osseuse*. PhD thesis, Thèse - Université d'Orléans, décembre 1995.

BIBLIOGRAPHIE

[31] M. C. Chapuy, P. Chavassieux, and P. J. Meunier. *Les mécanismes de la perte osseuse du sujet âgé. Ostéoporose - Prévention et traitement.* Collection : l'année gérontologique. Edité par Serdi., 1998.

[32] C. L. Benhamou. *Diagnostic des Maladies Osseuses Trabéculaires.* Laboratoires Roussel, Paris, 1977.

[33] J. A. Kanis, P. Delmas, P. Burckardt, C. Cooper, and D. Torgerson. On behalf of the european foundation for osteoporosis and bone disease. guide lines for diagnosis and treatment of osteoporosis. *Osteoporosis Int*, 7 :390–406, 1997.

[34] Consensus development conference : diagnosis, prophylaxis, and treatment of osteoporosis. *Am J Med*, 94 :646–650, 1993.

[35] G. Luo, J. H. Kinney, J. J. Kaufman, D. Haupt, A. Chiabrera, and R. S. Siffert. Relationship between plain radiographic patterns and three-dimensional trabecular architecture in the human calcaneus. *Osteoporos Int*, 9(4) :339–345, 1999.

[36] L. Pothuaud, C. L. Benhamou, P. Porion, E. Lespessailles, R. Harba, and P. Levitz. Fractal dimension of trabecular bone projection texture is related to three-dimensional microarchitecture. *J. Bone Miner Res.*, 15(4) :691–699, 2000.

[37] C. L. Benhamou, R. Harba, E. Lespessailles, G. Jacquet, D. Tourlière, and R. Jennane. Changes in fractal dimension of trabecular bone in osteoporosis : A preliminary study. *Springer-Verlag, Birkhäuser, Ascona*, pages 292–299, February 1993.

[38] C. L. Benhamou, E. Lespessailles, G. Jacquet, R. Harba, R. Jennane, T. Loussot, D. Tourliere, and W. Ohley. Fractal organisation of trabecular bone images on calcaneus radiographs. *Journal of Bone and Mineral Research*, 9(12) :1909–1918, 1994.

[39] G. Jacquet, R. Harba, R. Jennane, C. L. Benhamou, E. Lespessailles, and D. Tourlière. Caractérisation de la texture trabéculaire osseuse par modélisation fractale. In *GRETSI*, pages 1279–1282, Juan-les-Pins, Septembre 1993.

[40] E. Lespessailles, G. Jacquet, R. Harba, R. Jennane, T. Loussot, JF. Viala, and C. L. Benhamou. Anisotropy measurements obtained by fractal analysis of trabecular bone at the calcaneus and radius. *Rev. Rhum. Engl.*, 63(5) :337–343, 1996.

[41] E. Lespessailles, J. P. Roux, C. L. Benhamou, M. E. Arlot, E. Eynard, R. Harba, C. Padonou, and P. J. Meunier. Fractal analysis of bone texture on os calcis radiographs compared with trabecular microarchitecture analyzed by histomorphometry. *Calcif. Tissue Int.*, 63(2) :121–125, 1998.

[42] E. Lespessailles, A. Jullien, E. Eynard, R. Harba, G. Jacquet, JP. Ildefonse, W. Ohley, and C. L. Benhamou. Biomechanical properties of human os calcanei : relationships with bone density and fractal evaluation of bone microarchitecture. *J. Biomech.*, 31(9) :817–824, 1998.

[43] C. L. Benhamou, E. Lespessailles, G. Jacquet, R. Harba, R. Jennane, T. Loussot, D. Tourliere, and W. Ohley. Fractal analysis of radiographic trabecular bone texture and bone mineral density : two complementary parameters related to osteoporotic fractures. *J. Bone Miner. Res.*, 16(4) :697–704, 2001.

[44] R. Harba, R. Jennane, E. Perrin, and C. L. Benhamou. Effets de la résolution sur l'analyse de radiographies de tissus osseux. In *18e colloque GRETSI*, pages 1267–1269, September 2001.

BIBLIOGRAPHIE

[45] G. Lemineur. *Contribution à l'analyse fractale de radiographies osseuses pour le diagnostic de l'ostéoporose.* PhD thesis, Thèse - Université d'Orléans, décembre 2003.

[46] L. A. Feldkamp, S. A. Goldstein, A. M. Parfitt, G. Jesion, and M. Kleerekoper. The direct examination of three-dimensional bone architecture in vitro by computed tomography. *Journal of Bone Mineral Research*, 4 :3–11, 1989.

[47] J. A. Hipp, A. Jansujwicz, C. A. Simmons, and B. D. Synder. Trabecular bone morphology from micro-magnetic resonance imaging. *Journal of Bone Mineral Research*, 11 :286–292, 1996.

[48] R. Jennane, W. J. Ohley, S. Majumdar, and G. Lemineur. Fractal analysis of bone x-ray tomographic microscopy projections. *IEEE Trans Med Imaging*, 20(5) :443–449, 2001.

[49] L. Pothuaud. *Corrélation entre la microarchitecture 3D et la projection radiographique de l'os trabéculaire : relation à l'ostéoporose.* PhD thesis, Thèse - Université d'Orléans, mars 2000.

[50] G. Lemineur, R. Harba, R. Jennane, T. Devers, A. Estrade, and C. L. Benhamou. The projection theorem for multi-dimensional fractals. In *Proceedings of the Second ISCCSP*, Marrakech, mars 2006.

[51] L. Pothuaud, P. Orion, E. Lespessailles, C. L. Benhamou, and P. Levitz. A new method for three-dimensional skeleton graph analysis of porous media : application to trabecular bone microarchitecture. *Journal of microscopy*, 199(2) :149–161, 2000.

[52] A. Bonnassie, F. Peyrin, and D. Attali. A new method for analyzing local shape in three-dimensional images based on medial axis transformation. *IEEE. Trans. Sys. Man. Cyber.*, 44(4) :700–705, 2003.

[53] A. Bonnassie. *Caractérisation géométrique locale d'images microtomographiques 3D de structures osseuses : application à l'analyse de l'os trabéculaire fémoral.* PhD thesis, Institut National des Sciences Appliquées de Lyon, 2003.

[54] G. Aufort, R. Jennane, R. Harba, and C. L. Benhamou. Hybrid skeleton graph analysis of disordered porous media. application to trabecular bone. In *IEEE-ICASSP*, Toulouse, may 2006.

[55] J.L. Batoz and G. Dhatt. *Modélisation des structures par éléments finis.* édition Hermès, 1990.

[56] L. Pothuaud, B. V. Rietbergen, C. Charlot, E. Ozhinsky, and S. Majumdar. A new computational efficient approach for trabecular bone analysis using beam models generated with skeletonized graph technique. *Computer methods in Biomechanics and biomedical engineering*, 7(4) :205–213, august 2004.

[57] G. Aufort, R. Jennane, R. Harba, A. Gasser, D. Soulat, and C. L. Benhamou. Nouvelle approche de modélisation de milieux poreux. application à l'os trabéculaire. In *GRETSI*, pages 429–432, Louvain-La-Neuve (Belgium), septembre 2005.

[58] W. E. Lorensen and H. E. Cline. Marching cubes : A high resolution 3d surface construction algorithm. *ACM SIGGRAPH Computer Graphics archive*, 21(4) :163–169, 1987.

BIBLIOGRAPHIE

[59] J. Istas and G. Lang. Quadratic variations and estimation of the local hölder index of a gaussian process. *Ann. Inst. H. Poincaré*, 33(4) :407–436, 1997.

[60] E. Perrin, R. Harba, I. Iribarren, and R. Jennane. Piecewise fractional brownian motion. *IEEE Transactions on Signal Processing*, 53(3) :1211–1215, March 2005.

[61] H. Biermé. *Champs aléatoires : autosimilarité, anisotropie et étude directionnelle.* PhD thesis, Thèse - Université d'Orléans, Juillet 2005.

[62] V. Dufiet and J. Boissonade. Numerical studies of turing patterns selection in a two-dimensional system. *Physica A*, 188 :158–171, 1992.

[63] J. Wolff. *The law of bone remodeling*. Translated by P. Marquet and F, Springer-Verlag, 1986.

[64] R. Huiskes, R. Ruimerman, G. H. van Lenthe, and J. D. Janssen. Effects of mechanical forces on maintenance and adaptation of form in trabecular bone. *Nature*, 405(6787) :704–706, 2000.

[65] E. Tanck, R. Ruimerman, and H. W. Huiskes. Trabecular architecture can remain intact for both disuse and overload enhanced resorption characteristics. *Journal of bone and mineral research*, 15, 2000.

[66] R. Ruimerman, P. Hilbers, B. van Rietbergen, and R. Huiskes. A theoretical framework for strain-related trabecular bone maintenance and adaptation. *J. Biomech.*, 38(4) :931–941, Apr 2005.

[67] G. Sanniti di Baja and E. Thiel. Computing and comparing distance-driven skeletons. *World Scientific, Aspects of Visual Form Processing*, 1994.

[68] K. Beck, M. Al-Mukhtar, O. Rozenbaum, and M. Rautureau. *Characterization, water transfer properties and deterioration in tuffeau : building material in the Loire valley-France.* Building and Environnemnt, 2003.

[69] K. Beck, O. Rozenbaum, M. Al-Mukhtar, and A. Plançon. Multi-scale characterisation of monument limestones. In *6th international symposium on the Conservation of Monuments in the Mediterranean Basin*, Lisbon, Portugal, Avril 2004.

[70] W. B. Lindquist. Network flow model studies. *Contemporary Mathematics*, 295 :355–366, 2002.

Oui, je veux morebooks!

I want morebooks!

Buy your books fast and straightforward online - at one of the world's fastest growing online book stores! Environmentally sound due to Print-on-Demand technologies.

Buy your books online at
www.get-morebooks.com

Achetez vos livres en ligne, vite et bien, sur l'une des librairies en ligne les plus performantes au monde!
En protégeant nos ressources et notre environnement grâce à l'impression à la demande.

La librairie en ligne pour acheter plus vite
www.morebooks.fr

OmniScriptum Marketing DEU GmbH
Heinrich-Böcking-Str. 6-8
D - 66121 Saarbrücken

Telefax: +49 681 93 81 567-9

info@omniscriptum.de
www.omniscriptum.de

Printed by Books on Demand GmbH, Norderstedt / Germany